A ESPERANÇA NÃO MORRE NUNCA

PAIVA NETTO

A ESPERANÇA NÃO MORRE NUNCA

Disse Jesus: *"Na vossa perseverança, salvareis as vossas Almas"* (Santo Evangelho, segundo Lucas, 21:19).

1ª edição

ELEVAÇÃO

Produção editorial e revisão: *Equipe Elevação*
Capa, projeto gráfico e diagramação: *Helen Winkler*
Impressão: *Mundial Gráfica*
Fotos: *Shutterstock.com*

Depósito legal na Biblioteca Nacional conforme
Decreto nº 1.825, de 20 de dezembro de 1907.

Dados Internacionais de Catalogação na Publicação (CIP)
(Câmara Brasileira do Livro, SP, Brasil)

P149e
A Esperança não morre nunca. / José de Paiva Netto.
— 1ª ed. — São Paulo : Editora Elevação, 2021.

ISBN 978-85-7513-249-4

1. **Quarta Revelação**. 2. Espiritualidade 3. Oração. 4. Caridade.
5. Amor. 6. Paz. 7. Justiça. I. Título.

CDD-242

Índices para catálogo sistemático:

1. Literatura prática : Cristianismo 242
2. Literatura devocional : Cristianismo 242

Rua Doraci, 2-A, sala 101 – Bom Retiro
São Paulo/SP – Brasil – CEP 01134-050
Tel.: (11) 5505-2579

TRATADO DO NOVO MANDAMENTO DE JESUS

A Espiritualmente Revolucionária Ordem Suprema do Divino Mestre representa o diferencial da Religião de Deus, do Cristo e do Espírito Santo[1] e é a base de todas as suas ações de promoção espiritual, social e humana, pela força do Amor Fraterno, por Ele trazido ao mundo.

Ensinou Jesus, o Cristo Ecumênico, o Divino Estadista: "13:34 *Novo Mandamento vos dou: amai-vos como Eu vos amei.* 13:35 *Somente assim podereis ser reconhecidos como meus discípulos, se tiverdes o mesmo Amor uns pelos outros.*

15:7 *Se permanecerdes em mim e as minhas palavras em vós permanecerem, pedi o que quiserdes, e vos será concedido.* 15:8 *A glória de meu Pai está em que deis muito fruto; e assim sereis meus discípulos.*

15:10 *Se guardardes os meus mandamentos, permanecereis no meu Amor; assim como tenho guardado os mandamentos de meu Pai e permaneço no Seu Amor.*

15:11 Tenho-vos dito estas coisas a fim de que a minha
alegria esteja em vós e a vossa alegria seja completa.
15:12 O meu Mandamento é este: que vos ameis como
Eu vos tenho amado. 15:13 Não há maior Amor do que
doar a própria vida pelos seus amigos. 15:14 E vós sereis
meus amigos se fizerdes o que Eu vos mando. 15:17 E Eu
vos mando isto: amai-vos como Eu vos amei.
15:15 Já não mais vos chamo servos, porque o servo não
sabe o que faz o seu senhor; mas tenho-vos chamado ami-
gos, porque tudo quanto aprendi com meu Pai vos tenho
dado a conhecer.
15:16 Não fostes vós que me escolhestes; pelo contrário,
fui Eu que vos escolhi e vos designei para que vades e deis
bons frutos, de modo que o vosso fruto permaneça, a fim
de que tudo quanto pedirdes ao Pai em meu nome Ele
vos conceda.

---

1 **Religião de Deus, do Cristo e do Espírito Santo** — Nesta e em outras obras literárias da Quarta Revelação, o leitor vai se deparar com as denominações Legião da Boa Vontade (LBV) e Religião de Deus, do Cristo e do Espírito Santo, criadas pelo saudoso Alziro Zarur (1914-1979), que se irmanam na lide *"por um Brasil melhor e por uma humanidade mais feliz"*. São elas duas instituições irrestritamente ecumênicas, unidas para atender, de forma integral, às carências fundamentais do ser humano e do seu Espírito Eterno, transformando-o sem paternalismos, a fim de que ele possa assumir na sociedade o seu papel de protagonista na solução dos problemas existentes. Agem assim para que a criatura humana se realize por meio dos poderosos ensinamentos do Espírito (Religião de Deus, do Cristo e do Espírito Santo) e da dinâmica ação de reforma humana e social (Legião da Boa Vontade), decorrência natural de nossa integração nos preceitos divinos. Disse Jesus: *"Buscai primeiramente o Reino de Deus*

15:17 E isto Eu vos mando: que vos ameis como Eu vos tenho amado. 15:9 Porquanto, da mesma forma como o Pai me ama, Eu também vos amo. Permanecei no meu Amor".

(Tratado do Novo Mandamento de Jesus[2], reunido por Paiva Netto, consoante o Santo Evangelho do Cristo de Deus, segundo João, 13:34 e 35; e 15:7, 8, 10 a 17 e 9.)

---

e Sua Justiça, e todas as coisas materiais [portanto, humanas e sociais] *vos serão acrescentadas*" (Evangelho, segundo Mateus, 6:33). Da convergência dessas ações — a espiritual e a humano-social — nasce a Política de Deus, para o Espírito Eterno do ser humano. A Religião de Deus, do Cristo e do Espírito Santo também é conhecida como Religião do Terceiro Milênio, Religião do Amor Universal e Religião Divina.

2 **Tratado do Novo Mandamento de Jesus** — Pela força espiritual contida nessas palavras do Cristo de Deus, Paiva Netto fez constar a leitura desse Tratado na abertura de todos os programas da Super Rede Boa Vontade de Comunicação (rádio, TV e internet) e nas publicações, assim como nas reuniões públicas da Religião do Terceiro Milênio, atendendo também a um pedido dos Irmãos Espirituais na Revolução Mundial dos Espíritos de Luz, na Quarta Revelação, representados pelo Irmão dr. Bezerra de Menezes (Espírito).

Cristo, o Consolador | 1881 | Carl Bloch (1834-1890) | Óleo sobre tela | 251 x 170 cm | Altar da Igreja de Landskrona, Suécia

O MISTÉRIO DE DEUS REVELADO

O Mistério de Deus por Jesus Cristo revelado é o Amor![1]

Do autor

---

[1] Esse pensamento de Paiva Netto é o último verso de sua música intitulada *O Novo Mandamento de Jesus*, movimento final do Oratório "O Mistério de Deus Revelado", cuja gravação foi feita, em 1999, pelo National Philharmonic Choir "Svetoslav Obretenov" e pela Sofia Symphony Orchestra, da Bulgária, sob a regência do maestro **Ricardo Averbach**. Disponível nas plataformas de *streaming* (Boa Vontade *Play*, *Spotify* e *Deezer*), o Oratório superou a marca de 550 mil cópias vendidas, conquistando Disco de Platina Duplo. Em 5 de abril de 2000, teve a sua primeira audição mundial em inglês quando o Coral Ecumênico Boa Vontade se apresentou na sede da Organização das Nações Unidas (ONU) em Nova York, EUA.

PERMANENTE PRESENÇA DE JESUS

Tudo fica para trás. Jesus, o Cristo Ecumênico e Divino Estadista, permanece! Ele disse: *"Passará o Céu, passará a Terra, mas as minhas palavras não passarão"* (Evangelho, segundo Lucas, 21:33).

Do autor

O PARECER DE GAMALIEL

"Se esta obra é de homens, não triunfará. Mas, se é de Deus, não a combatais, pois estareis combatendo o próprio Deus."

Gamaliel
(Atos dos Apóstolos de Jesus, 5:38 e 39)

PERANTE O SINÉDRIO

"Respondendo Pedro e João aos sinedritas, disseram: Não podemos deixar de falar daquilo que vimos e ouvimos. Importa antes agradar a Deus que aos homens."

(Atos dos Apóstolos de Jesus, 4:19 e 20; e 5:29)

A ESPERANÇA NÃO MORRE NUNCA

***ACADEMIA JESUS, O CRISTO ECUMÊNICO, O DIVINO ESTADISTA*[1]** *— No fim de outubro de 2019, após Paiva Netto, presidente-pregador da Religião de Deus, do Cristo e do Espírito Santo, conduzir a emocionante sessão solene dos 30 anos do Templo da Boa Vontade (TBV), em Brasília/DF, Brasil, durante a qual lançou o livro* Jesus e a Cidadania do Espírito, *ele havia concluído a preparação de mais esta obra dedicada a Nosso Senhor Jesus Cristo:* A Esperança não morre nunca.

[1] **Academia Jesus, o Cristo Ecumênico, o Divino Estadista** — Fundada por Paiva Netto em 1º de fevereiro de 2007, é composta pelo Instituto de Estudo, Pesquisa e Vivência do Novo Mandamento de Jesus e pelo Instituto de Estudo e Pesquisa da Ciência da Alma. *"Por meio da produção de conhecimento universal, isto é, divino e terreno,* ***tem por objetivo dessectarizar a maneira como alguns veem o Cristo de Deus e o Cristianismo****, ou seja,* ***mostrar a influência e a aplicabilidade das lições ecumênicas e eternas do Acadêmico Celeste em todos os campos do saber espiritual-humano****, apresentando-O de forma irrefragável à humanidade —* ***o que não se limita às fronteiras físicas****"*, de acordo com a definição de seu fundador.

À ocasião, espiritualmente se sentiu impelido a publicá-la nos meses iniciais de 2020, dando cumprimento a uma Agenda Celeste. Àquela altura, não se imaginava que a humanidade enfrentaria um dos mais graves períodos de sua história recente, com a pandemia do novo coronavírus. O lançamento, então, ocorreu em 10 de abril de 2020, uma Sexta-Feira Santa, disponibilizando ao público a edição digital. Jesus, com Sua Misericórdia Infinita, uma vez mais, amparou os corações com essa inspiração profética do Cronograma Superior, pois estas páginas puderam, de alguma forma, contribuir com as pessoas, levando a elas Esperança, Paz, conforto e esclarecimento espiritual, seja na Terra ou no Céu da Terra, pois, conforme exclama o autor: **“Os mortos não morrem!”**

Ao longo desses meses, ele tem recebido inúmeras manifestações de carinho, gratidão e generosidade pelo livro digital e que, agora, chega às estantes em tinta e papel. Neste prefácio, acompanhe importantes extratos de palestras fraternas, compiladas em artigos e livros com a análise ecumênica do Último Livro da Bíblia Sagrada, o Apocalipse de Jesus. Vamos ao que o escritor Paiva Netto publicou em 27 de fevereiro de 2006, segunda-feira:

LUZEIRO DE ESPERANÇA À HUMANIDADE

A Legião da Boa Vontade (LBV) e a Religião de Deus, do Cristo e do Espírito Santo não têm medido esforços para corajosamente proporcionar socorro espiritual e material a milhares de famílias que passam por suas provações físicas, emocionais, psicológicas e, sobretudo, espirituais. Isso graças à incansável ajuda do povo. Não descansaremos um segundo sequer no cumprimento da tarefa a nós designada por Deus. Nosso muito obrigado pela confiança!

Desde os primórdios da LBV e da Religião Divina, na década de 1940, o saudoso fundador desta Casa, **Alziro Zarur**[2] (1914-1979) — que iniciou o progra-

[2] **Alziro Zarur** (1914-1979) — Nasceu na cidade do Rio de Janeiro/RJ, Brasil, no Natal de Jesus de 1914. Jornalista, radialista, escritor, poeta, filósofo e grande pregador da Palavra de Deus, fundou a Legião da Boa Vontade (LBV), em 1º de janeiro (Dia da Paz e da Confraternização Universal) de 1950, e brilhantemente a presidiu até a sua passagem para o Plano Espiritual, em 21 de outubro de 1979. Em 7 de setembro de 1959, Zarur realizou a Proclamação do Novo Mandamento de Jesus, em Campinas/SP, Brasil, no antigo Hipódromo do Bonfim — hoje Praça Legião da Boa Vontade —, que, na época, era o espaço público mais amplo que por lá existia, capaz de receber a multidão que fora ouvi-lo. Carismático e polêmico, de forma popular e inovadora pregava, com muito entusiasmo, o Evangelho e o Apocalipse de Jesus, mas não *"ao pé da letra que mata"* (Segunda Epístola de Paulo aos Coríntios, 3:6), e sim em Espírito e Verdade, à luz do Novo Mandamento do Cristo Ecumênico, o Divino Estadista (Evangelho, segundo João, 13:34 e 35). Criou e presidiu a pioneira Cruzada de Religiões Irmanadas, cuja primeira edição oficialmente ocorreu em 7 de janeiro de 1950, no salão do Conselho da Associação Brasileira de Imprensa (ABI), na capital →

ma radiofônico *Hora da Boa Vontade*, em 4 de março de 1949, pregando o Apocalipse de Jesus —, deixou claro que essas Obras de Boa Vontade foram forjadas para servir de luzeiro de Esperança à humanidade, ao atravessarmos os episódios difíceis há tempos antevistos do fim de ciclo apocalíptico no qual nos encontramos.

Nestas décadas de pregação ecumênica, tanto dele quanto minha, temos fraternalmente alertado para os graves fatos anunciados nas profecias bíblicas, desde a Gênese Mosaica ao Livro da Revelação, bem como em tomos sagrados das respeitáveis tradições espirituais, sem deixar de fora os profetas laicos de diversos setores do pensamento criador. Vamos humildemente servindo de atalaia, fazendo ressoar bem alto a trombeta, conforme registrou o **Profeta Ezequiel** (capítulo 33).

Voltando nosso olhar especialmente para o Último Livro da Bíblia Sagrada, pergunto: qual é a sua grande mensagem? Muitos, por desconhecimento ainda, poderão apressadamente responder: "é um recado de terror!" Todavia, **seu principal brado é o da Esperança**! O Apocalipse é uma carta amiga do Supremo

fluminense, após sucessivas reuniões preparatórias realizadas nos meses de outubro, novembro e dezembro de 1949, na sala da diretoria daquela prestigiada Associação. Com esse feito, Zarur antecipou-se ao que mais tarde viria a ser chamado de relacionamento inter-religioso. Em 7 de outubro de 1973, proclamou a Religião de Deus, do Cristo e do Espírito Santo, em Maringá/PR, Brasil.

Governante do planeta Terra, Jesus, a todos avisando dos perigos e das ciladas nos caminhos que os povos têm teimado em trilhar, e das consequências de nossos atos. Portanto, igualmente fornece os mecanismos da remissão plena, a partir das Boas Obras que praticamos, inspiradas pela notícia mais importante de todos os tempos:

> 12 *E repete o Cristo:* ***Eis que venho sem demora****, e comigo está o galardão que tenho para retribuir* ***a cada um segundo as suas obras****.*
> 13 *Eu sou o Alfa e o Ômega, o primeiro e o último, o Princípio e o Fim.*
> 14 ***Bem-aventurados*** *aqueles que lavam as suas vestiduras no sangue do Cordeiro de Deus, para que lhes assista o direito à Árvore da Vida Eterna, e para entrarem na cidade pelas portas.*
>
> (Livro da Revelação, 22:12 a 14)

Em *As Profecias sem Mistério* (1998), assim escrevi:

O Apocalipse não fecha a porta da salvação para ninguém. O carma não tem mais poder que o Amor e a Fé quando verdadeiros, porque, na hora certa, podem modificá-lo, porquanto ele significa: causa e efeito. Ora, mudada a causa, corrigido o efeito. Nada mais, nada menos. O Livro das Profecias Finais apenas adverte, na forma eloquente da linguagem profética, a respeito do figurino ético-espiritual que o ser humano não deve vestir, para que os resultados não lhes sejam funestos.

***ACADEMIA JESUS, O CRISTO ECUMÊNICO, O DIVINO ESTADISTA** — E, ao aprofundar seu estudo sobre o Livro da Revelação, Paiva Netto demonstra a todos o impactante significado profético-espiritual da abertura dos Selos Apocalípticos, conforme podemos ler em seu artigo datado de 29 de abril de 1997, terça-feira. Eles fotografam fidedignamente o resultado da pérfida semeadura que lamentavelmente os seres humanos têm feito pelos milênios:*

A AUTORIDADE DE JESUS E OS SELOS DO APOCALIPSE

Quando analisamos com o povo "O Apocalipse de Jesus para os Simples de Coração"[3] — série radio-

[3] **"O Apocalipse de Jesus para os Simples de Coração"** — Série radiofônica levada ao ar de 27 de outubro de 1990 a fevereiro de 1992, logo se tornou, por sua particular abrangência e popularidade, sucesso de audiência, alcançando a marca de mais de 450 programas transmitidos. Nessas preleções feitas de improviso, Paiva Netto analisa, com justeza, *"o livro mais importante das Escrituras Sagradas da atualidade"*, no dizer de Alziro Zarur (1914-1979). Hoje mesmo você pode acompanhá-la pelas ondas da Super Rede Boa Vontade de Rádio (veja as emissoras em boavontade.com/radio) ou pelo aplicativo Boa Vontade

fônica veiculada entre outubro de 1990 e fevereiro de 1992, alcançando a marca de mais de 450 programas —, apresentamos nossa perspectiva sobre o Quarto Selo, no qual aparecem o cavalo amarelo e seu cavaleiro. Eis o trecho:

O QUARTO SELO

[7] Quando o Cordeiro de Deus abriu o quarto selo, ouvi a voz do quarto ser vivente, dizendo: Vem e vê!

[8] E surgiu um cavalo amarelo e o seu cavaleiro, sendo este chamado Morte; e o Inferno o estava seguindo, e lhes foi dada autoridade sobre a quarta parte da Terra para matar à espada, pela fome, com a mortandade e por meio das feras da Terra.

(Apocalipse, 6:7 e 8)

Recordemos que o primeiro cavalo é o branco (Primeiro Selo), estando sobre ele Jesus, que *"saiu vencendo e para vencer"*. Em seguida, o cavalo vermelho (Segundo Selo), que retrata a guerra; o cavalo preto

Play (disponível pela loja de aplicativos de seu celular ou *tablet*). Diante de tamanha repercussão, Paiva Netto verteu as aulas para texto, publicando uma coleção de livros com o mesmo nome da série e que já vendeu mais de 3,5 milhões de exemplares. Fazem parte dela: *Somos todos Profetas* (1991); *As Profecias sem Mistério* (1998); *Apocalipse sem Medo* (2000); *Jesus, o Profeta Divino* (2011); e *Jesus, a Dor e a origem de Sua Autoridade — O Poder do Cristo em nós* (2014). Adquira pelo *site* www.PaivaNetto.com/livros ou ligue 0300 10 07 940.

(Terceiro Selo) refere-se à fome; e, por fim, o cavalo amarelo (Quarto Selo), que é a morte, caracterizada também pelas doenças e pestes. Os Selos, como um todo, simbolizam a intimidade dos seres espirituais e humanos sendo exposta. E quem possui Autoridade Espiritual para abrir os Selos é o Cristo de Deus. Por isso, Ele está revelando à humanidade aquilo que ela cultiva no coração, para que possa vir a redimir-se de sua ignorância.

Por que o último cavalo é o amarelo? Já pararam para pensar nisso? Ele é decorrência dos dois anteriores, a começar pelo vermelho. E não aguardem apenas acontecimentos literais, pois precisamos decifrar o Evangelho-Apocalipse em Espírito e Verdade, à luz do Novo Mandamento do Cristo — ***"amai-vos como Eu vos amei. Somente assim podereis ser reconhecidos como meus discípulos, se tiverdes o mesmo Amor uns pelos outros"*** (Evangelho, segundo **João**, 13:34 e 35). A guerra traz consigo a fome e a doença, que, por sua vez, se convertem novamente na eclosão de conflitos. É um círculo vicioso que se retroalimenta. Mas não pensem que guerra é somente um pessoal ficar de um lado para o outro a dar tiros ou a lançar foguetes que destroem cidades inteiras. A guerra é muito mais solerte, até mesmo sutil, felina na sua violência, como a todo o momento assistimos por aí, porque satanás é muito astucioso.

Os principais explosivos, já o disse, estão dentro dos corações humanos e é lá que devem ser desarmados.

E isso desemboca de igual modo na fome do Espírito, nas mazelas da Alma, que infelizmente levam multidões ao desequilíbrio completo. Então, de uma intimidade espiritual-humana de brutalidade, o que se pode esperar? Observem as relações familiares, ou na sociedade, ou no trabalho... Temos visto uma escalada da violência em vários níveis, que, da mesma forma, desponta como devastadora pandemia e depois se irrompe na má condução da política, da economia, das finanças de um país, por exemplo. Ela gera a exploração de nações mais poderosas sobre as menos fortes, subjugando-as em termos sociais, culturais, científicos e assim por diante. Sem falar nos maus-tratos ao meio ambiente. A devastação da nossa morada coletiva não ficará sem sérios prejuízos a todos os inquilinos da Terra. A destruição da Natureza é a extinção da raça humana, repito há décadas. As mudanças climáticas, o desmatamento, a poluição e outras inconsequentes interferências nos inúmeros ecossistemas podem acarretar o surgimento de doenças novas que passam das diferentes espécies aos humanos[4]. Logo, é necessário compreender que não é Deus Quem amaldiçoa a Terra com os avisos proféticos. A cada ação corresponde uma reação. Não há efeito sem causa. O indivíduo mesmo esculpe o seu destino. Porquanto, diante da

[4] **Nota da Academia Jesus, o Cristo Ecumênico, o Divino Estadista** — A atual pandemia, provocada pelo novo coronavírus, é uma prova disso.

ferocidade das conflagrações que nascem nas Almas, por vezes nos tornamos reféns de nossa bestialidade, do próprio ódio destilado no mundo.

Em geral, quando vem a pestilência, por meio de uma pandemia, há aqueles que revelam o que há de pior dentro de si, ao ponto extremo de pessoas se matarem umas às outras. Em contrapartida, muitos crescem espiritualmente, moralmente e vão servir de polos de luz até para esses que estão se dizimando, passando fome, ou enfrentando moléstias mil. Queiramos nós estar nessa segunda chave de elevação espiritual e de exercício da Caridade Completa (Material e Espiritual).

Há uma filigrana na análise dessa passagem bíblica sobre os quatro cavaleiros, retomando o que lhes afirmei anteriormente a respeito da grande mensagem do Apocalipse ser a da Esperança. Qual é o único cavaleiro que regressa no decorrer do Livro Profético? É justamente **Aquele que carrega o Sinete Divino da Vitória: Nosso Senhor e Mestre Jesus Cristo**. Os outros três passam, mas quem se mantiver fiel Àquele que está montado sobre o cavalo branco — apesar de todo o galope do cavalo vermelho (a guerra), do cavalo preto (a fome e a exploração) e do cavalo amarelo (a peste e a morte) — testemunhará e será copartícipe da imensa transformação de todas as coisas iníquas deste orbe que, de provas e expiações, se elevará à fase de regeneração. É a Misericórdia de Jesus que nos sustenta, ontem, hoje e eternamente! Enfrentaremos as tribulações, mas sabemos, desde o princípio, que não há o que recear; a glória é certa, pois, com o Divino Mestre, sairemos vencendo e para vencer, como nos conforta o Apocalipse!

O CRISTO, O VENCEDOR DA BESTA E DO FALSO PROFETA

11 *Depois vi o céu aberto, e* ***eis um cavalo bran-***
co. O seu cavaleiro se chama Fiel e Verdadeiro
e julga e peleja com justiça.
12 *Os Seus olhos são chama de fogo; na Sua cabe-*
ça há muitos diademas; tem um nome escrito que
ninguém conhece senão Ele mesmo.
13 *Está vestido com um manto tinto de sangue, e*
o Seu nome é o Verbo de Deus;
14 *e O seguiam os exércitos que há no céu, mon-*
tando cavalos brancos, vestidos de linho finíssimo,
branco e puro.
15 *Sai da Sua boca uma espada afiada de dois*
gumes, para com ela ferir as nações; e Ele mesmo as
regerá com cetro de ferro, e pessoalmente pisa o lagar
do vinho do furor da ira do Deus Todo-Poderoso.
16 *Tem no Seu manto e na Sua coxa um nome*
inscrito: Rei dos Reis e Senhor dos Senhores.
17 *Vi então um Anjo posto em pé no sol, que cla-*
mou com grande voz, falando a todas as aves que

voam pelo meio do céu: Vinde, reuni-vos para a grande ceia de Deus,
18 para que comais carnes de reis, carnes de comandantes, carnes de poderosos, carnes de cavalos e seus cavaleiros, carnes de todos, quer livres, quer escravos, assim pequenos como grandes.
19 E vi a besta e os reis da Terra, com os seus exércitos, congregados para pelejarem contra Aquele que estava montado no cavalo e contra o Seu exército.
20 Mas a besta foi aprisionada, e com ela o falso profeta que, com os sinais feitos diante dela, seduziu aqueles que receberam a marca da besta, e eram os adoradores da sua imagem. Os dois foram lançados vivos dentro do lago do fogo que arde com enxofre.
21 Os restantes foram mortos com a espada aguda que saía da boca Daquele que estava montado no cavalo. E todas as aves se fartaram das suas carnes.

(Apocalipse, 19:11 a 21)

Diante de tal inspiração de Fé Realizante, que possamos todos triunfar sob a Divina Claridade da **Eterna Esperança chamada Jesus, o Cristo Ecumênico, o Divino Estadista**, que jamais nos relega à nossa própria sorte.

As lições fraternas e universais do Rei dos reis e Senhor dos senhores servem de bússola espiritual-moral, a nos guiar em todos os momentos da nossa jornada de Vida Eterna.

Nosso norte é Jesus!

Louvado seja Deus e a Autoridade Espiritual do Cristo, pelos séculos dos séculos! Amém!

ACADEMIA JESUS, O CRISTO ECUMÊNICO, O DIVINO ESTADISTA — Portanto, sigamos em frente na trajetória da vida espiritual-humana, com coragem para enfrentar as lutas e concretizar as justas vitórias, porque ***Deus Está Presente! E Viva Jesus em nossos corações para sempre!***

Brademos com o escritor Paiva Netto: **"Quem confia em Jesus não perde o seu tempo, porque Ele é o Grande Amigo que não abandona amigo no meio do caminho".**

Boa leitura a todos!

Do medo à Fé | Howard Lyon

"POR QUE TEMEIS, HOMENS DE PEQUENA FÉ?"

Quantas vezes, ao ter de enfrentar os embates do mundo, tudo parece perdido na vida do ser humano, que lamenta:

— *Nada dá certo... Para que lutar? Olha a calúnia, a infâmia! Veja a mentira, a ganância, o ódio, a falta de misericórdia. O Amor sumiu da Terra! Não há mais Esperança...*

Ora, ninguém está alheio aos dramas, que, se não forem os seus próprios, atingem a quem amamos. Mas, para aqueles que cultivam a Fé Realizante[1], a Luz de Deus e o Esplendor do Cristo virão em seu auxílio, e ela ou ele sempre restabelecerá suas forças, a fim de atravessar as frias sombras do inverno e **ver**

1 **Fé Realizante** — É aquela que, seguindo o exemplo de Jesus, realiza Boas Obras e se opõe à fé ociosa, egoística. Leia mais sobre o assunto no primeiro volume das *Sagradas Diretrizes Espirituais da Religião de Deus, do Cristo e do Espírito Santo* (1987), do mesmo autor desta obra. Adquira no *site* www.PaivaNetto.com/livros ou ligue 0300 10 07 940.

despontar no horizonte o Sol da Esperança Divina!

Ainda que essa luminosidade não possa mostrar-se em todo o seu brilho, em todo o seu fulgor, invariavelmente apresenta um sinal, como a dizer:

> — ***Por que temeis, homens de pequena fé? Eu sou capaz de aplacar qualquer tempestade. Não vos transmiti o meu vigoroso incentivo? Jamais se esqueçam dele: "Minha Paz vos deixo, minha Paz vos dou. Eu não vos dou a paz do mundo. Eu vos dou a Paz de Deus, que o mundo não vos pode dar. Não se turbe o vosso coração nem se arreceie. Eu estarei convosco, todos os dias, até o fim dos tempos!"*** (Evangelho do Cristo, segundo **João**, 14:27; e **Mateus**, 28:20).

JESUS VENCE AS PROCELAS DO MUNDO

Por pior que seja a tormenta, Jesus sempre conduzirá e fortalecerá os que, amando-O e perseverando além do fim, encontrarão as soluções para as dores dos povos, pois **Ele calará os ventos, acalmará os mares e estabelecerá uma duradoura bonança**. Vamos à extraordinária passagem bíblica que motiva essas nossas reflexões:

JESUS APLACA A TEMPESTADE

(Evangelho, consoante **Mateus**, 8:23 a 27; **Marcos**, 4:35 a 41; e **Lucas**, 8:22 a 25)

Aconteceu que, num daqueles dias, Jesus tomou uma barca, acompanhado pelos Seus discípulos. E eis que se levantou no mar tão grande tempestade de vento que as ondas cobriam a barca, enquanto Jesus dormia na popa, sobre um travesseiro. Os discípulos O acordaram aos brados, dizendo: Salva-nos, Senhor, porque nós vamos morrer! ***E Jesus*** *lhes respondeu: Por que temeis, homens de pequena fé? Então,* ***erguendo-se, repreendeu os ventos e o mar; e se fez grande bonança****. Aterrados e cheios de admiração, os discípulos diziam uns aos outros:* ***Afinal, quem é este, que até o vento e o mar Lhe obedecem?***

JAMAIS DESISTIR DO BEM

A Esperança não morre nunca! Essa inspiração me veio à mente, no início da década de 1980, ao assistir, na televisão, a um moço dizer ter perdido a fé no futuro. Não me considero poeta. Mas tomei da caneta e ousei estes simples e despretensiosos versos, depois musicados pelo maestro legionário **Vanderlei Pereira**:

A ESPERANÇA NÃO MORRE NUNCA!

A Esperança
não morre nunca!
Nunca!
Não morre, não!
Pois, como a Vida,
que é eterna,
mãe tão fraterna,
pode morrer?!
Não, não morre
nunca!
Não morre, não,
a Esperança no coração!

A Esperança é Jesus!

COMBATER A APATIA

Pelas veredas da existência espiritual-humana, quantas vezes nos deparamos com dificuldades, das quais — pensávamos todos — não haveríamos de restar?

> — *Ah, meu Deus, que situação! Se eu vou nessa direção, crio problemas aqui; se vou em frente, crio problemas na direção oposta; se viro pra cá, aborreço esse ou aquele.*

Aí você vai dormir, toma um bom banho quente ou frio (conforme o gosto) e, no outro dia, descobre uma solução ou aparecem outras demandas para resolver e, então, se surpreende:

— *Ih, até havia esquecido: aquilo que me parecia uma enormidade já passou! Aquela outra situação teve um bom desfecho! Já sei como superar tal percalço!*

Não se trata de um passe de mágica, tampouco incentivo a quem quer que seja a desviar a cara dos desafios reais que se apresentam. Todavia, quando estamos decididamente empenhados em defrontar os embates diários, **os Amigos Espirituais — conhecidos ainda por Almas Benditas, Espíritos Guias, Numes Tutelares... — também operam os seus feitos e se aproximam de nós com elevadas sugestões**, intuindo-nos a enxergar caminhos antes despercebidos. **Basta acreditar nesse apoio invisível e estabelecer uma sintonia sublime com nossos Anjos Guardiães para, de fato, contar com eles.**

No entanto, ainda há alguns — e respeitamos os seus motivos — que acidamente retrucam:

— *Eu não creio nessa coisa de Esperança.*

Porém, qual o contraponto em suas propostas? Com frequência, recorre-se a um vazio existencial. Contudo, não podemos aceitar o desalento, o derrotismo, a apatia, o desprezo da criatura por si própria e por seus pares como saídas para quaisquer crises.

Sempre tem de haver Esperança! E, acima de tudo, a firme vontade de sobrepujar as intempéries da vida. **A questão é querer fazer o Bem, fazer, mas fazer certo!**

REAGIR AO DESÂNIMO GERA BOA DISPOSIÇÃO

Costumo afirmar aos meus estimados leitores e às minhas queridas leitoras que **reagir ao desânimo gera boa disposição**! Do contrário, o que nos resta? Deitar e morrer?! Jamais!

A Alma carece de constante estímulo à prática das Boas Obras. Por que dizer aos jovens que não alimentem a Esperança? Se o nobre idealismo não sobreviver, o que lhes sobrará? Um campo aberto para o esmorecimento. Todos percebem que, num mundo globalizado, o mal que acontece lá (onde quer que seja esse lá) poderá atingir-nos bem aqui. Vejam o caso da economia mundial com o baque sofrido em 2008[2], de que poucos suspeitavam e cujos reflexos se estendem até hoje. Inacreditável, não é? Por isso, necessário se faz surgir algo além do presente estágio do conhecimento terrestre: ligarmo-nos ao **Governo Ideal, que começa no Céu**. Foi o próprio Cristo Quem assegurou tal realidade nestes Versículos de Jesus Infalíveis:

[2] Leia mais sobre o assunto no subtítulo "Entrevista a Ana Serra", no livro *Jesus, o Profeta Divino* (2011), da lavra de Paiva Netto. Adquira no *site* www.PaivaNetto.com/livros ou ligue 0300 10 07 940.

> [18] *Em verdade, em verdade vos digo: Tudo quanto ligardes na Terra será ligado no Céu; e tudo quanto desligardes na Terra será desligado no Céu.*
> [19] *Ainda vos digo mais: Se dois de vós concordarem na Terra acerca de qualquer coisa que pedirem, isso lhes será feito por meu Pai, que está nos Céus.*
> [20] *Porque, onde houver dois ou mais reunidos em meu nome, aí estarei no meio deles* (Evangelho de Jesus, segundo Mateus, 18:18 a 20).

É imprescindível aplicarmos, em todas as circunstâncias, a Espiritualidade Ecumênica antes de tudo. Trata-se de tema que, um dia, **a cautelosa Ciência abordará sem preconceitos. A intuição, já escrevi, é a inteligência de Deus em nós.**

Pensamento de **Albert Einstein** (1879-1955):

> — *Acredito em intuição e inspiração. (...) Às vezes tenho certeza de que estou certo sem saber o motivo. Quando o eclipse de 1919 confirmou minha intuição, não fiquei nem um pouco surpreso. Na verdade, eu teria ficado surpreso se tivesse sido de outra forma. A imaginação é mais importante que o conhecimento. O conhecimento é limitado, enquanto a imaginação abraça o mundo inteiro, estimulando o progresso, dando origem à evolução. É, estritamente falando, um fator real na pesquisa científica.*

Muita vez, o que a razão demora a captar **a intuição mais rapidamente alcança**, incluídas as soluções de nossos maiores infortúnios!

A INFINDÁVEL ESPERANÇA

Há quem diga que *"a Esperança é a última que morre"*. Mas nós, aqui na Religião do Terceiro Milênio, ratificamos, com eloquência, que **a Esperança não se extingue jamais, porquanto ela é Jesus, o Cristo Ecumênico, o Sublime Estadista**!

Conforme registrei no terceiro volume das *Sagradas Diretrizes Espirituais da Religião de Deus, do Cristo e do Espírito Santo* (1991):

A existência da Religião do Amor Universal é a manifestação da **crença inderrotável em dias melhores**, plenos de dignidade para o Espírito Eterno do ser humano. (...) Desistir do Bem por causa das adversidades? Por quê? Deixemos as amarguras de lado, joguemos nossos complexos no lixo. Se os que nos antecederam, vencendo as piores dificuldades que sempre aparecem desafiantes no caminho do progresso, tivessem capitulado, onde estaríamos?! No tempo das cavernas. Por isso, não esmorecemos. Pelo contrário, **nosso dever é não jogar a toalha**. Aí, os fatos realmente mudam e **o milagre**, que de um clique se deseja, **concretiza-se: o do trabalho, alimentado pela Fé Realizante**.

De mais a mais, em correspondência de 18 de abril de 1816, **Thomas Jefferson** (1743-1826), principal autor da declaração de independência dos Estados Unidos, alerta-nos sobre o perigo de sofrer por antecipação:

> — *Quanto nos custaram os males que nunca aconteceram!*

Levantar, pois, a cabeça e ir em frente, sem temores, é a atitude dos que, com Boa Vontade, acreditam *"num Brasil melhor e numa humanidade mais feliz"*. **Todo dia é dia de renovar nosso destino.**

> — *Se o mundo faz vencedores, Jesus faz invencíveis,*

concluiu, esplendidamente inspirado, o poeta vassourense **Casimiro Cunha** (Espírito), em seu poema *Grãos de Luz*.

Sigamos firmes com o Cristo de Deus, o Grande Amigo que não abandona amigo no meio do caminho. Ele nos convida a avançar além do Além:

> — *Sê fiel até à morte, e Eu te darei a coroa da vida* (Apocalipse, 2:10).

Porquanto, **Jesus é a Bússola de nossa mais legítima Esperança. Sem Ele, isto é, a Fé Realizante e a Caridade Divina, viveremos perdidos nos mares procelosos da vida humana**.

NÃO TEMA A CRISE. ELA PASSA, VOCÊ FICA!

Na vida hodierna, os montes das dificuldades sempre aparecem no caminho a desafiar nossa jornada. Vamos a um exemplo: quando surge uma crise financeira, as atenções estão voltadas para os reflexos produzidos por ela. Contra ou a favor, políticos, economistas, empresários, analistas, trabalhadores opinam sobre medidas que freiem ou impulsionem o consumo, ou lá o que seja, evitando desse modo, conforme pensam, maiores transtornos sociais aos países. Contudo, apesar de toda a inquietação, saibamos utilizar esse momento para atingir o equilíbrio, sem o qual mais dificilmente alcançaremos o triunfo.

O que é a crise senão ensejo disfarçado de infortúnio? Digo, há décadas, que obstáculos são prêmios de Deus à nossa inteligência, estímulos para quem não abdica das realizações que lhe vêm justificando a existência, dando sabor à vida. É quando melhor se pode exercer o talento. **Todo revés traz em**

si próprio a solução, ensina a vetusta e experiente cultura oriental. **Lamentar nada constrói.** Temos de combater o desânimo, sem iludir a multidão. Se desolados, homens e nações quedam-se indefesos ou levantam-se em revolta.

Costumo dizer que **é nos momentos de crise que se forjam os grandes caracteres e surgem as mais poderosas nações**.

SABEDORIA DE CONFÚCIO

É preciso sonhar, concorrer por um mundo mais digno. *Pari passu,* ter os pés no chão, isto é, certeza de que **mudanças desejadas não chegam sem esforço real**.

Meditemos sobre esta pérola da sabedoria de **Confúcio** (551-479 a.C.), em *A Doutrina do Meio*:

> — *Em todas as coisas, o sucesso depende da preparação prévia, e sem tal preparação certamente haverá falha. (...) Se sabemos, previamente, quais são os nossos deveres, será fácil darmos-lhes cumprimento. (...) Se os princípios de conduta tiverem sido previamente determinados, sua prática será inesgotável.*

Planejamento puro e ação eficaz. Por sinal, a filosofia do respeitado mestre chinês é considerada um dos fundamentos do notável impulso que fez emergir os "tigres asiáticos", também abalados pela tensão globalizante. Nos encontros entre expressivas economias do planeta — naturalmente movidas pelo instinto de sobrevivência —, na busca de mecanismos salutares para o enfrentamento da crise, é essencial que **a razão seja permeada pelo espírito solidário** (coisa ainda rara nas relações internacionais). **O coração torna-se mais propenso a ouvir quando a Fraternidade é, de fato, o alicerce do diálogo.** As nações um dia compreenderão que, sem Amor Fraterno ou qualquer outro nome que em "tecnês" queiram dar-lhe, elas haverão de deparar-se com as tremendas aflições anunciadas por Jesus no capítulo 24 de Seu Evangelho, segundo Mateus, em especial no versículo 21:

> — *Nesse tempo haverá Grande Tribulação, como nunca houve, desde a fundação do mundo, e jamais se repetirá.*

Ademais, **a Vida é uma constante prestação de contas ao tribunal da consciência, do qual ninguém escapa, mesmo que não o revele**. É necessário enfatizar que, **em consonância ao Amor de Deus, permanece igualmente a Justiça Celeste**. **A suprema redenção** exige da criatura reabilitada pelo Amor Divino a devida **correspondência em atitudes**. De outra forma, seria a glorificação da impunidade.

AMOR: O ALIMENTO DO ESPÍRITO

O organismo precisa de vitaminas, de alimento material para prosseguir em sua jornada. Como diziam os antigos, com muito acerto, *"saco vazio não se põe de pé"*. Com o Espírito assim também ocorre. Entretanto, **a iguaria da Alma é o Amor**, um patrimônio de Deus que Ele generosamente reparte com Seus filhos.

MUDAR OS HÁBITOS

É muito oportuna aqui a palavra sempre inspirada do dr. **Bezerra de Menezes** (Espírito), constante dos originais de seu livro *Reflexões sobre Jesus e Suas Leis* (Editora Elevação), na psicografia do sensitivo Cristão do Novo Mandamento **Chico Periotto**:

> — *Nas fases de profundo sofrimento em que o Espírito suplica ao Redentor piedade e sustentação, fontes invisíveis derramam a água torrencial do Amor de Deus sobre nossa existência terrestre. Contudo,* ***a incomensurável força que nos reporta do Santíssimo solicita nossa renovação: mudar para melhor os hábitos, os pensamentos e as ações****. O Amor vencerá sempre, e, por isso, a dor será motivada a desaparecer de nosso ainda atribulado caminho.*

CORAGEM FIRMADA EM DEUS

Se amamos de verdade, até para a luta comum nos tornamos mais fortes. Nada ensombrece o nosso destino. Pelo contrário, robustece dentro de nós aquilo que possuímos de mais valioso, que é a coragem sustentada em Deus, aquela em que se devem alicerçar as outras boas qualidades espirituais e humanas. Por isso, **o Amor Fraterno é o inesgotável combustível dos que têm e vivem um grande e verdadeiro ideal**.

CAMINHO PARA O ÊXITO

Se aceitarmos as lições educativas de Jesus, o Divino Pedagogo, nos tornaremos fortes e abriremos, com a Alma devidamente nutrida, o próprio caminho para o êxito.

Façamos das palavras do **Profeta Samuel**, em seu segundo livro, 22:33, nosso permanente louvor aos Céus:

> — *Deus é a minha fortaleza e a minha força e Ele perfeitamente desembaraça o meu caminho.*

Cristo cura os enfermos | c. 1920 | Gebhard Fugel (1863-1939) |
Museu Diocesano de Freising, Alemanha

O QUE INTERESSA A JESUS?

A primeira pergunta que devemos constantemente fazer em nossa vida é: O que interessa a Jesus?

Descoberta a resposta — que Ele nos revela pela intuição e nos faz sentir pelo andamento dos fatos e suas contingências —, **partamos para a ação**.

E, **quando Lhe confirmamos a nossa decisão de servi-Lo**, auxiliando aos carentes da Alma e do corpo, estrada afora, **o Excelso Amigo nos toma pela mão e nos conduz a um auspicioso destino**. Trata-se de sublime recompensa para a árdua tarefa de seguir Seus acertados passos, porquanto imbuir-se dessa missão é estabelecer intenso duelo contra a treva, que pretende mergulhar o mundo na ignorância espiritual.

O próprio Sábio dos Milênios admoesta em Seu Sermão Profético (Evangelho de Jesus, segundo Marcos, 13:9 a 13):

O PRINCÍPIO DAS DORES

9 *Estai vós de sobreaviso, porquanto* ***vos entregarão aos tribunais; sereis açoitados*** *e vos farão comparecer à presença de governadores e reis, por minha causa, para lhes servir de testemunho.*

10 *Mas é necessário, contudo, que primeiro o Evangelho seja pregado a todas as nações* [só depois virá o fim].

11 *Quando, pois, vos levarem e vos entregarem,* ***não vos preocupeis com o que haveis de dizer****, mas o que vos for concedido naquela hora, isso falai;* ***porque não sereis vós que falareis, mas o Espírito Santo falará por vós.***

12 *Um irmão entregará à morte outro irmão, e o pai, ao filho; filhos haverá que se levantarão contra os seus pais e os matarão.*

13 ***Sereis odiados de todos por causa do meu nome. Porém, aquele que perseverar até ao fim será salvo.***

Grandes ideais não surgem para pequenos desafios. A Religião de Deus, do Cristo e do Espírito Santo é um planejamento milenar, resultante de um Gênio, o Gênio Celeste Jesus. E como escreveu o historiador norte-americano de origem húngara **John Lukacs** (1924-2019):

— *As ideias só importam quando homens as encarnam.*

Eis aí a chave que singulariza o extraordinário **ofício da Religião do Terceiro Milênio neste mundo**: ela **torna luminosa realidade os Ideais do Cristo**, ideais esses que gloriosamente suplantam todas as mazelas dispostas no caminho dos fiéis seguidores de Sua Sacrossanta Lide. **A Religião do Amor Universal é uma Divina Obra de fim de ciclo histórico-profético--apocalíptico e nasceu principalmente com o objetivo de esclarecer e confortar as multidões para vencerem a Grande Tribulação, anunciada há milênios e que antecede a Volta Triunfal de Jesus — o maior prêmio aos perseverantes em Deus.**

JESUS FAZ A PARTE DELE

Não creia em dificuldades intransponíveis. O saudoso proclamador da Religião Divina, Alziro Zarur, lembrava sempre aos que têm Fé Realizante:

— *Faze a tua parte, que Jesus fará a parte Dele.*

E mais este conforto contido nas palavras do Divino Mestre:

— *Eu vos tenho dito estas coisas para que* ***tenhais Paz em mim. No mundo, tereis tribulações.*** *Tende, porém, bom ânimo, porque* ***Eu venci o mundo*** (Evangelho, segundo João, 16:33).

COMBUSTÍVEL DA ESPERANÇA

Não importa se você é branco, negro, amarelo, pardo, indígena; religioso ou ateu; civil ou militar; africano, europeu, latino, asiático, americano, russo... O que interessa é que você respira, tem sensibilidade, vibra, raciocina, é ser humano; tem Espírito Eterno, cujo alimento é o **Amor**, o **perene combustível da Esperança!**

O ENOBRECER DA ALMA NO TESTEMUNHO A JESUS

Em testemunho a Jesus, minha grande alegria é auxiliar as pessoas a tirarem a tristeza de seus corações. Porquanto, na Boa Nova[1] do Cristo, sempre encontraremos o aquecimento para o enobrecer da Alma disposta às longas jornadas da vida!

Recomenda **Tiago Apóstolo**, em sua Epístola Universal, 5:13:

> — *Está alguém entre vós aflito?* ***Ore.*** *Está alguém contente?* ***Cante louvores.***

[1] **Boa Nova de Jesus** — Assim também é conhecido o Evangelho, que vem do grego *Euangélion* e do latim *Evangelium* e significa Boa Nova, Boa Notícia.

SUPERAR O MEDO E O ÓDIO

O medo não é bom professor para nos ensinar a vencer coisa alguma. Onde se instala, a Liberdade não frutifica; onde existe o ódio, reina a fraqueza. Por isso, é preciso superá-los a partir de nossa integração na Sabedoria Divina, pois, como lemos nos relatos do **Profeta Isaías**, 59:1,

— *(...) a mão de Deus não está encolhida, para que não possa salvar; nem surdo o Seu ouvido, para não poder ouvir.*

PRISÕES FECHADAS

O temor nasce da ignorância. Por isso, promover Educação e espiritualizar o saber ilumina as Almas e erradica a violência dos corações.

Victor Hugo (1802-1885), o gênio de Besançon, assegurava que

> — *quem abre escolas fecha cadeias.*

E o versículo sexto dos Provérbios, capítulo 22, do Antigo Testamento da Santa Bíblia, remata:

> — *Ensina a criança no caminho em que deve andar; e, mesmo quando envelhecer,* ***não se desviará dele****.*

COMPETÊNCIA DIVINA

No Amor não existe medo; antes, o perfeito Amor lança fora o medo. Ora, o medo produz tormento; logo, aquele que teme não é aperfeiçoado no Amor.
(Primeira Epístola de João, 4:18)

Por intermédio do Amor e da intuição, a Competência de Deus se estabelece nas Suas criaturas. Portanto, *"lança fora o medo"* de avançar continuamente na direção correta. Aliás, esse é um caminho nem sempre fácil, mas cujo resultado é o melhor possível.

Reflitam sobre a lição que o Rei da Sabedoria, Jesus, a todos endereça em Seu Santo Evangelho, consoante Mateus, 7:13 e 14:

AS DUAS ESTRADAS

13 *Entrai pela porta estreita, porque larga é a porta, e espaçoso, o caminho que leva à perdição, e são muitos os que entram por ela,*

14 *porque **estreita é a porta, e apertado, o caminho que conduz à Vida Eterna**, e são poucos os que acertam com ela.*

"CONFIA EM JESUS!... CONFIA EM JESUS!..."

Tenho o bom orgulho de ser o guardião de muitas pregações históricas do saudoso Irmão Alziro Zarur. E compartilho, para gáudio de todos, esta bela narrativa feita por ele da página "O grito", do Espírito **Hilário Silva**. Ela se encontra transcrita no livro *A vida escreve*. Mas, antes, prestemos muita atenção à imorredoura introdução de Zarur ao texto:

> **Alziro Zarur:** *Como disse Jesus: "Minha Paz vos deixo, minha Paz vos dou. Eu não vos dou a paz do mundo. Eu vos dou a Paz de Deus, que o mundo não vos pode dar. Não se turbe o vosso coração nem se arreceie"*[2]*, porque Deus Está Presente! "Eu estarei convosco, todos os dias, até o fim do mundo"*[3]*. E estamos numa hora apocalíptica, hora de dor. O que é preciso levar aos corações desalentados?* ***A mensa-***

[2] Evangelho de Jesus, segundo João, 14:27.

[3] Evangelho de Jesus, segundo Mateus, 28:20.

gem da Esperança. *Mas não é uma esperança balofa;* ***a Esperança, que é certeza; a Esperança, ato de esperar, porque sabe que vai se cumprir****. Quem o afirma é Jesus, o Cristo, o Ungido do Todo--Poderoso Deus.*

Às vezes, tendo de fazer uma experiência, fale em Jesus e você salvará uma vida. Como vemos aqui numa história do velho Hilário:

"O GRITO

"'— Uma boa palavra auxilia sempre. Às vezes, pensamos estar sozinhos e proferimos inconveniências. Desajudamos quando podíamos ajudar. E é preciso aproveitar bem as oportunidades. Falar é um dom de Deus. Se abrimos a boca para dizer algo, saibamos dizer então o melhor.'

"A pequena assembleia ouvia atenta a palavra do instrutor espiritual.

"'— Não adianta repetir frases inúteis. E é sempre falta grave conferir saliência ao mal. Comentemos o Bem. Destaquemos somente o Bem.'

"Entre todos os presentes, Belmiro Arruda escutava em silêncio.

"Passados alguns dias, Arruda, nas funções de pedreiro-chefe, orientava o término da construção de um

grande recinto. O enorme salão parecia completo. Tudo pronto. Acabamento esmerado. Pintura primorosa.

"Então, disse o engenheiro:

"'— Vamos experimentar a acústica'.

"E voltando-se para Belmiro, falou:

"'— Grite aí alguma coisa'.

"Arruda, recordando a lição do instrutor espiritual, bradou:

"'— ***Confia em Jesus!... Confia em Jesus!...****'*

"Verificaram que o som estava admiravelmente distribuído.

"Os operários continuavam na sua faina, quando um pobre homem penetrou no recinto. Cabeleira revolta, completamente transtornado, palidíssimo, falou:

"'— Ô! Quem mandou confiar em Jesus?'

"Alguém apontou Belmiro, para quem ele se dirigiu, abrindo os braços.

"'— Obrigado, amigo! Obrigado! Eu ia tirar minha vida, mas despertei, vou confiar em Jesus, sim!'

"Belmiro o abraçou, chorando. O caso foi conduzido ao conhecimento do diretor da obra. E o diretor, visivelmente emocionado, estendeu a mão ao quase suicida e ordenou:

"'— Pode vir amanhã. Você começa a trabalhar aqui amanhã'".

Alziro Zarur: *É, meus Amigos e meus Irmãos, tendo de dizer algo, digamos alguma coisa útil que possa salvar uma vida. E esta é a nossa missão na Religião Divina:* ***salvar vidas e Almas para Deus****!*

UMA PALAVRA PODE SALVAR UMA VIDA

Eis aí! E foi o próprio Zarur, em suas pregações radiofônicas, quem nos trouxe esta grave admoestação:

— *Uma palavra pode salvar uma vida. Uma palavra pode perder uma vida.*

Deus nos livre de causar dano a quem quer que seja, neste ou no Outro Plano! Portanto, não desprezemos a comunicação e o *marketing* transmitidos a nós, por meio da intuição, pela Humanidade de Cima, ou seja, pelos Espíritos de Deus. **Jamais queiramos estar na pele dos que levam vidas à perdição.** Quem assim procede entra naquela chave de Jesus:

— ***Melhor não tivesse nascido*** (Evangelho, segundo Mateus, 26:24).

E **a Lei Divina é tão perfeita** que, ainda assim, concede a todos oportunidades de redenção. No entanto, jamais nos esqueçamos de que **no Tribunal Celeste vigora o Amor Fraterno, mas não existe impunidade.**

REAGIR À PRÓPRIA DOR

Escrevi em *É Urgente Reeducar!*[4] (2010): Hoje, mais do que nunca, com o progresso da tecnologia nas áreas de comunicação (celulares, internet etc.), até um enfermo pode levantar alguém que sofre, embora esteja a milhares de quilômetros de distância. Nos tempos que correm, a possibilidade de ajudar encontra-se ao alcance de todos. Logo, que não se perca o bom ideal, porque ele é determinante em qualquer idade. Você é quem decide se é velho ou moço, por mais duras que sejam as circunstâncias em que se ache, temporária ou permanentemente. Na minha longa vida dedicada às causas espirituais e sociais da Religião do Terceiro Milênio e da Legião da Boa Vontade, tenho sido testemunha de exemplos inigualáveis vindos de pessoas que, em decorrência de lastimoso estado de saúde, poderiam considerar-se desobrigadas de socorrer, com uma palavra que fosse, outras criaturas também necessitadas de atenção. E muitas —

[4] ***É Urgente Reeducar!*** — Obra do escritor Paiva Netto, que alcançou a expressiva marca de 230.000 exemplares vendidos. Disponível também em português e espanhol no formato digital. Baixe agora nas plataformas *iBooks* da Apple ou *Google Play Books*.

surpreendentemente amparadas por quem de nada mais se poderia esperar (no dizer humano), por padecer males tormentosos — se viram na condição de reagir ao próprio infortúnio, tantas vezes descobrindo, **após o auxílio inesperado**, razões para enfrentar seus dramas com decisão, que pensaram ter há muito perdido.

Costumo fraternalmente recomendar: **quem quiser diminuir sua dor ajude os que sofrem.**

COMUNICAÇÃO 100% JESUS: MISSÃO PRIMEIRA

Em 23 de abril de 2003, num improviso endereçado aos Jovens Ecumênicos da Boa Vontade de Deus, durante o Seminário Comunicação 100% Jesus, afirmei:

Comunicar é a finalidade primordial das Instituições da Boa Vontade[5] **Divina.** Portanto, **um assunto que não pode ficar em segundo plano**. E não é apenas comunicar no rádio, na imprensa, na televisão, na internet. Quando, por exemplo, você está na Igreja Ecumênica da Religião de Deus, do Cristo e do Espírito Santo

[5] **Instituições da Boa Vontade (IBVs)** — Formadas pela Legião da Boa Vontade (LBV); pela Religião de Deus, do Cristo e do Espírito Santo; pela Fundação José de Paiva Netto; pela Fundação Boa Vontade; e pela Associação Educacional Boa Vontade.

e recebe uma única pessoa que seja, atendendo-a com respeito e entusiasmo, também está comunicando, pois se dirige à Alma dela, sublimando-lhe a mente. Ou quando um Cristão do Novo Mandamento, Amigo de Jesus, palestra com alguém, em qualquer ambiente do mundo, e lhe transmite o conforto dos nossos elevados ideais, está comunicando. Igualmente ocorre enquanto ampara um necessitado de socorro material e, ao mesmo tempo, lhe indica algum modo de sair daquela situação angustiante. Isso significa dar cumprimento à Ordem de Jesus:

> — *Ide e pregai por todo o mundo e a cada criatura o Evangelho da salvação* (Boa Nova, consoante Marcos, 16:15).

A DIVINA HUMANIDADE DE JESUS

Por isso, **o maior interesse que temos**, visto que se trata de nossa **missão primeira, é comunicar Jesus, o Cristo Ecumênico, o Divino Estadista**, porquanto assim **O estaremos testemunhando**. Vocês estão entendendo a tremenda responsabilidade desse honroso dever? Aceitam essa sublime tarefa para a glória de seus Espíritos? Então, é imprescindível ratificar esse ponto, a fim de que o compreendamos de uma vez por todas: se estamos conversando com uma Irmã ou um Irmão nosso, seja pessoalmente ou por qualquer mídia disponível, comuniquemos, **em nome e em testemunho do Mestre Amado**, o que de melhor possuímos no coração. Jamais nos faltarão palavras. Tenham sempre em mente que o Sublime Amigo legou à Terra a Sua Grande Lei. Se eu chegasse aqui e apenas lesse:

> — Disse Jesus: *"Novo Mandamento vos dou: amai-vos como Eu vos amei. Somente assim podereis ser reconhecidos como meus discípulos. Não há maior Amor do que doar a própria vida pelos seus amigos"* (Evangelho, segundo João, 13:34 e 35; e 15:13),

já teria dito tudo, porque **essa é a Suprema Ordem que governa os Universos**.

Nossa obrigação é constantemente nos lembrar de que somos missionários do Cristo. Portanto, precisamos proclamá-Lo a todo momento e de maneira que os povos O entendam: é Jesus na Ciência, na Filosofia, na Política, na Religião, na Economia, na Arte, no Esporte, na vida doméstica e pública, enfim, em toda parte. Porquanto, Sua luminosa presença dessectarizada é indispensável para a sobrevivência do planeta. É aquilo que há tempos lhes afirmei: **admito a Divindade do Cristo, mas me comovo com a Divina Humanidade de Jesus**.

IDEOLOGIA ETERNA DE DEUS

Quem se **firma no Evangelho e no Apocalipse**, **sobrevive no Evangelho e no Apocalipse**, na Boa Nova do Cristo, **na Ideologia Eterna de Deus, que é Amor** (Primeira Epístola de João, 4:8).

Ao encontro dessas minhas palavras, proferidas de improviso em palestra pela Super Rede Boa Vontade de Rádio, apresentamos sábia exortação do Mundo da Verdade, trazida pelo Irmão **Flexa Dourada** (Espírito)[6]. Trata-se da Revolução Mundial dos Espíritos de Luz em marcha, porque **os mortos não morrem**!

[6] Essa mensagem do Irmão Flexa Dourada (Espírito) foi transmitida por intermédio do sensitivo Cristão do Novo Mandamento Chico Periotto, em Reunião do Centro Espiritual Universalista, o CEU da

Vamos à transcrição dos valiosos dizeres desse bondoso Amigo da humanidade:

> *Continuemos a fazer o nosso trabalho, olhando para a frente e para o Alto, pedindo ao Cristo que os corações sejam sempre tocados.*
>
> *Nossos Irmãos administradores das Instituições da Boa Vontade; os Irmãos da Comunicação Legionária; os Pregadores Ecumênicos da Religião de Deus, do Cristo e do Espírito Santo; os Cristãos do Novo Mandamento de Jesus; os homens e as mulheres de Boa Vontade de todas as crenças devem* ***olhar para a frente, para o Alto, para o Cristo e conhecer em profundidade os ensinamentos de Jesus, os únicos capazes de ajudar a resolver diariamente os problemas.***
>
> ***Tudo começa pelo Santo Evangelho, tudo começa pelo Apocalipse Redentor; e tudo se encerra no Santo Evangelho, tudo se encerra no Apocalipse Redentor.***
>
> *Salve, Jesus!*

E todos bradamos em uníssono: **Salve, os Espíritos de Deus! Salve, Jesus!**

Religião de Deus, do Cristo e do Espírito Santo — a Quarta Revelação —, em 19 de novembro de 2016, sob a condução de Paiva Netto.

25

O QUINTO EVANGELHO A SER ERGUIDO

Brilhe a vossa luz diante dos homens [para que, vendo-a, a sigam], *para que vejam as vossas Boas Obras e glorifiquem ao vosso Pai que está nos Céus.*
Jesus (Mateus, 5:16)

Em 17 de janeiro de 1988, estando na cidade de São Paulo/SP, Brasil, realizei uma Cruzada do Novo Mandamento de Jesus no Lar[7] pelas ondas do rádio e, de improviso, afirmei que **a Religião de Deus, do**

[7] **Cruzada do Novo Mandamento de Jesus no Lar** — Veiculada, toda segunda-feira, na Super Rede Boa Vontade de Rádio (veja a relação de emissoras no portal boavontade.com ou baixe o *app* Boa Vontade *Play* na loja de aplicativos de seu celular), é transmitida diretamente da Igreja Familiar nº 1 da Religião de Deus, do Cristo e do Espírito Santo, sob a responsabilidade do casal Paiva Netto, e estendida a todas as Igrejas Familiares da Religião do Amor Universal. Para se inteirar mais sobre esse importante trabalho da Religião Divina, consulte o primeiro volume das *Sagradas Diretrizes Espirituais da Religião de Deus, do Cristo e do Espírito Santo* (1987).

Cristo e do Espírito Santo, também denominada **a Religião do Amor Universal, é o grande e acolhedor Lar de todas as pessoas de Boa Vontade da Terra e do Céu da Terra**, independentemente de crenças, filosofias ou descrenças. A Religião do Terceiro Milênio abriga a todos os povos, tendo em vista o seu **Ecumenismo Divino**[8], que estende as mãos e o coração às criaturas espirituais e humanas, onde quer que estejam, porque **ninguém morre. O Mundo da Verdade**[9] ainda não pode ser percebido por nossa limitada visão física, contudo ele existe. **Não é uma abstração.** Para onde vão nossas Almas depois que largamos o corpo? Permanecem na podridão do túmulo? Você quer esse triste destino para si mesmo e seus entes queridos encarnados ou que já partiram para a Pátria Espiritual? Claro que não! Por isso, proclamo que os mortos não morrem.

Diante dessa flagrante Realidade Divina, jamais esqueçamos as determinações do Cristo no altar doméstico, onde devemos exercitar a Paciência, a Compreensão, a Generosidade, a Fraternidade, os deveres,

[8] **Ecumenismo Divino** — É definido por Paiva Netto como o contato socioespiritual entre a criatura e o Criador. Leia mais sobre o assunto em "Os Quatro Pilares do Ecumenismo", constante das *Sagradas Diretrizes Espirituais da Religião de Deus, do Cristo e do Espírito Santo* (1987), volume 1. Adquira pelo *site* www.PaivaNetto.com/livros ou ligue 0300 10 07 940.

[9] **Mundo da Verdade** — Ou seja, o Mundo Espiritual, o Plano Invisível.

a Fé Realizante e o bom ânimo, sob o Império do Amor de Jesus, Lei de Solidariedade Social.

Estudando a Palavra Celeste — na Boa Nova e no Apocalipse, que constituem a Fortuna de Deus para Seus filhos —, **seremos nós, os seres espirituais e humanos, o Quinto Evangelho a ser erguido, vivo e atuante**. Sim, **nós o estamos escrevendo com atos de Fé Realizante**, a fim de que **a nossa existência seja uma Revelação de Jesus** exposta ao exame de todos, sem necessidade de empregarmos muitas expressões na admoestação dos que desejamos ver evoluindo na direção de Deus.

O Cristão do Novo Mandamento, sim, é o próprio Evangelho-Apocalipse do Cristo[10] em marcha pela iluminação espiritual dos povos, agora e sempre! Amém!

---

[10] **Nota de Paiva Netto**

Evangelho-Apocalipse do Cristo — Assim reunidos e chamados por Alziro Zarur (1914-1979), proclamador da Religião de Deus, do Cristo e do Espírito Santo.

SUPERAR CRISES

Só há uma resposta para a dificuldade: **suplantá-la sobranceiramente**. O que nos faz vencedores ou derrotados é o nosso estado de espírito. Quantas cadeias e torturas sofreram os adeptos de Jesus, marcantemente no início do Cristianismo!... No entanto, com isso, salvo as exceções de praxe, eles cada vez mais se fortaleciam.

A História registra: **Benito Juárez** (1806-1872), um dos personagens centrais na unificação mexicana, lutou para integrar a população indígena e mestiça à vida nacional e defendeu os interesses das classes pobres. A fim de motivar o povo contra as tropas francesas de **Napoleão III** (1808-1873) — mandadas em apoio ao monarca do segundo Império do México, **Maximiliano I** (1832-1867) —, que pretendiam o domínio total do seu país, declarou aquele que seria o primeiro indígena a presidi-lo:

> — *Por causa da nossa teimosia em não nos deixar subjugar, eles lutam sem futuro, sem esperança*

de vencer... Aquele que não espera vencer já está derrotado.

Vale aqui outra oportuna reflexão[11] do respeitado clínico e político brasileiro dr. Adolfo Bezerra de Menezes Cavalcanti (Espírito):

*— **Os celeiros** dos seres de Boa Vontade **são abastecidos em plenitude** pelo processo de ligação íntima das criaturas com o Criador, sobretudo **pela Oração e pela Vigilância**. Portanto, quanto mais proclamarmos o Reino de Deus, certamente **os silos da Eternidade socorrerão as despensas do Espírito encarnado**. A Lei de Causa e Efeito permanece sempre em plena atividade, apesar da distração humana quanto à Perfeita Justiça das Leis Divinas. Pensemos e repensemos constantemente sobre a Estratégia de Deus acerca de nossas vidas. **Todo esforço empreendido, decerto, tem a sua útil peleja em prol da vitória.***

Exato, dr. Bezerra! De pleno acordo com o ínclito Benfeitor Espiritual, que ainda hoje é carinhosamente chamado de "o Médico dos Pobres".

[11] Essa reflexão do dr. Bezerra de Menezes foi psicografada pelo sensitivo Cristão do Novo Mandamento Chico Periotto, no dia 12 de abril de 2008, em Glorinha/RS, Brasil.

ÓCIO E SEPULTURA

Toda facilidade excessiva é aval para o túmulo mais próximo, espiritual, física ou moralmente considerado.

Vale a pena a todo momento destacar que **a migalha de hoje é a farta refeição de amanhã**. Desse modo, não desperdicemos também tempo, capacidade, talento e inteligência com os sofismas da preguiça.

O filósofo estoico **Sêneca** (4 a.C.-65 d.C.) — que teve a triste sina de ser preceptor de **Nero** (37-68 d.C.) — foi filho ilustre da cidade espanhola de Córdoba, que à época fazia parte do Império Romano. O célebre intelectual protestou contra os zombadores, dizendo:

> — *O ócio sem estudos é a morte e a sepultura do homem em vida.*

E atenção ao livro de Provérbios, 14:23, no Antigo Testamento da Bíblia Sagrada, em que lemos esta grave advertência:

> — *Em todo trabalho há proveito, mas ficar só em meras palavras leva à pobreza.*

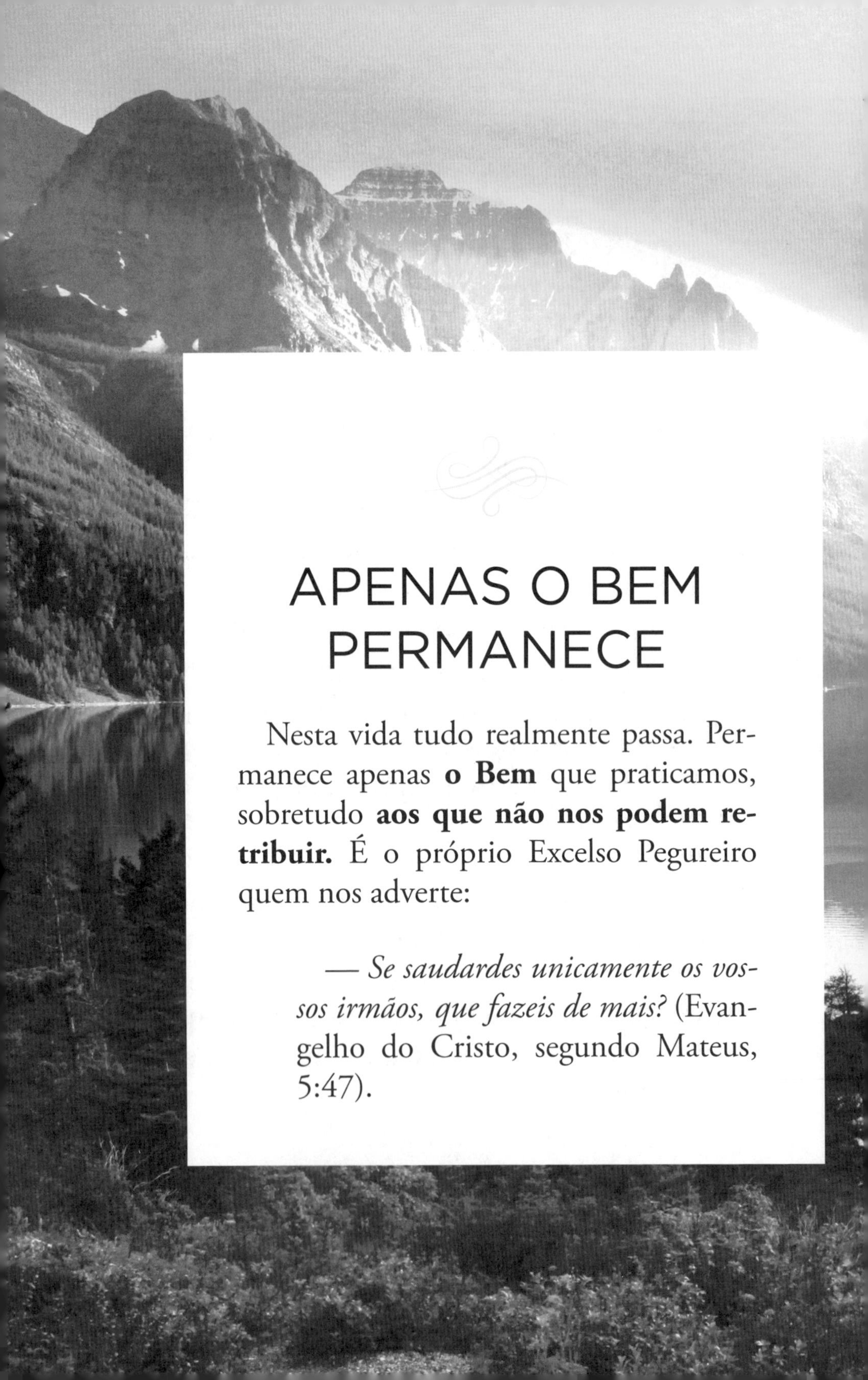

APENAS O BEM PERMANECE

Nesta vida tudo realmente passa. Permanece apenas **o Bem** que praticamos, sobretudo **aos que não nos podem retribuir.** É o próprio Excelso Pegureiro quem nos adverte:

— *Se saudardes unicamente os vossos irmãos, que fazeis de mais?* (Evangelho do Cristo, segundo Mateus, 5:47).

PERSEVERAR COM EFICÁCIA E PACIÊNCIA

Sempre um bom termo para os elevados propósitos pode surgir quando os seres humanos nele lealmente se empenham, dispostos a resolver desde o menor ao maior dilema que se manifeste no caminho. É uma questão de respeito ao **sublime privilégio de existir**.

Afirma o nosso Amigo Espiritual Flexa Dourada:

— *Os problemas estão embaixo; a solução, no Alto.*

Em Deus, portanto! Porque,

— *para Ele não há impossíveis e prevalecem todas as Suas promessas* (Boa Nova, segundo Lucas, 1:37).

E Jesus, o Divino Mestre, em Seu esplêndido Sermão da Montanha, afiançou:

— *Bem-aventurados os pacientes, porque eles herdarão a Terra* (Evangelho, segundo Mateus, 5:5).

São premissas das quais nunca poderemos abrir mão. Tenhamos em mente mais este incentivo que o nobre Irmão dr. Bezerra de Menezes (Espírito) tem ofertado sempre aos homens e mulheres, jovens, crianças e Espíritos, Almas Benditas, da Boa Vontade de Deus:

— ***Insistência! Persistência! Obstinação!*** *Superamos sempre tudo quando estamos com essas palavras na Alma, a serviço de Deus, do Cristo e do Espírito Santo!*

E a melhor forma de servi-Los é fazendo-se útil aos nossos Irmãos em Humanidade, conforme temos asseverado.

NINGUÉM ESTÁ PERDIDO

Em meu livro *Jesus, o Profeta Divino* (2011), faço esta provocação: vocês querem vencer-se e vencer? Deixem Jesus coexistir em seus Espíritos e **Maria**

Santíssima confortar-lhes maternalmente os corações nas horas rudes da jornada humana.

De fato, **ninguém se encontra irremediavelmente perdido ou abandonado neste mundo**.

Não percamos de vista o convite feito pelo Provedor Celeste para sobrepujarmos quaisquer dificuldades que surjam no caminho. Ele prometeu, em Seu Evangelho, consoante Mateus, 21:22 e 17:20:

> — *Tudo aquilo que pedirdes na prece, crede que haveis de receber e vos será concedido. Se tiverdes Fé do tamanho de um grão de mostarda, direis a este monte: Sai daqui, lança-te ao mar, e assim acontecerá. Nada vos será impossível.*

Ó Divino Chefe, Cabeça da humanidade, quais são as montanhas que a Fé Realizante pode afastar de nossa trajetória? Sabemos pela sagrada **intuição** — que é a **Tua voz em nós** — a resposta: o desespero, a falta de dinheiro, a carência sob qualquer aspecto, as enfermidades (do Espírito, do corpo e da mente), o desamor, a incompreensão, a calúnia, a infâmia, a fome e tudo o mais que venha a afligir Teus amados filhos. Por isso ensinou o Irmão Zarur nas lições do Centro Espiritual Universalista (CEU) da Religião do Terceiro Milênio:

> — ***Fé é o próprio Deus. Fé é igual a Deus.***

LUMINOSIDADE DIVINA

Devemos manter permanente Esperança no progresso sem destruição, firmado em Deus. Mesmo nas "épocas de sombra", a luz da Inteligência e da Sabedoria há de brilhar. Exemplo: as universidades surgiram na Idade Média.

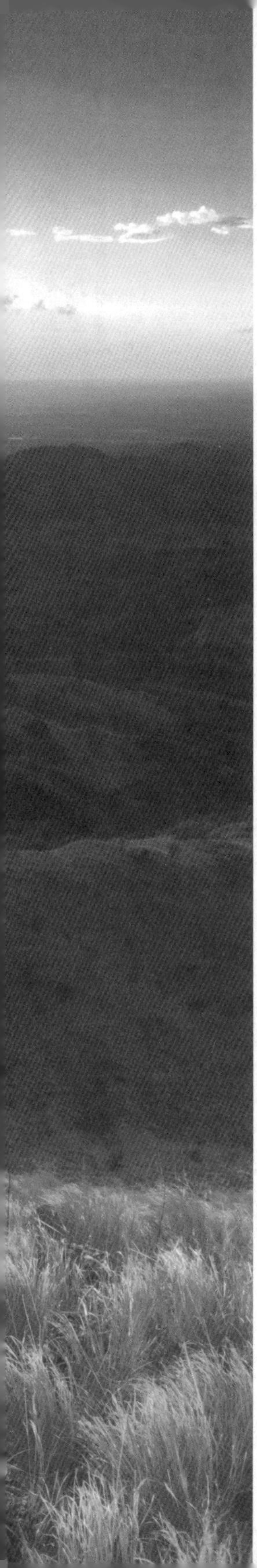

LUZ NO FIM DO TÚNEL

Seremos sempre responsáveis pelas seguras sendas ou pelos duvidosos atalhos que escolhermos percorrer. Contudo, não andemos em busca de artimanhas, pois, no fim das contas, nos farão andar em círculos de sofrimento. Por mais espinhosa que seja a trajetória terrestre, certamente haverá luz ao término do túnel que nós nos fizemos obrigados a atravessar. Façamo-lo honrosamente e **miremos o inabalável horizonte diante de nós: Jesus, a Divina Luz que não cria sombras**!

PERSEVERANÇA É SINÔNIMO DE FÉ

O Poder do Criador manifesta-se nas criaturas, qualquer que seja a crença ou descrença delas, **conforme a generosidade de seus corações**. Essa certeza enche de ânimo a Alma dos obstinados no Bem. Perseverança é sinônimo de Fé, virtude que, no dizer do poeta indiano **Rabindranath Tagore** (1861-1941), amigo de **Gandhi** (1869-1948),

— é o pássaro que sente a luz e canta quando a madrugada ainda está escura.

NÃO PERDER OPORTUNIDADES

Se soubermos aproveitar cada oportunidade que o Cristo nos oferece, novos caminhos nos serão abertos por Deus.

Esta é a súplica do salmista:

> — *Ensina-me a fazer a Tua vontade, pois Tu és o meu Deus. Que o Teu Espírito de Bondade me conduza pelo caminho reto!*
>
> (Livro dos Salmos, 143:10)

DEUS É SUPREMA FELICIDADE!

Quem garante que, para evoluir, é imprescindível padecer? Somos nós que criamos o sofrimento, nesta ou em outras vidas. **Deus é suprema felicidade!**

PERSEVERE NO SENHOR

Quando existe Fé Realizante, mas verdadeiramente Fé Realizante, **até o infortúnio se torna o melhor instante para criar**.

Ouçamos a lição que nos vem do Livro Santo, pela voz do Apóstolo Tiago, 1:12:

— *Bem-aventurado aquele que suporta, com perseverança, a provação; porque, depois de ter sido aprovado, receberá a coroa da vida, a qual o Senhor prometeu aos que O amam.*

DEUS É A NOSSA FORTALEZA!

Quem está com o Divino Mestre nada pode temer, mesmo nos piores momentos da existência. Ressoa em nossas Almas este auspicioso recado transmitido por **Moisés** a seu sucessor, **Josué**, ante o anúncio da entrada do Povo de Deus na Terra Prometida:

> — *O Senhor, pois, é Aquele que vai adiante de ti; Ele será contigo, não te deixará, nem te desamparará; não temas, nem te espantes* (Deuteronômio, 31:8).

Deus é a nossa fortaleza!

PERSISTÊNCIA NOS ASSUNTOS CELESTIAIS

O Senhor é Deus misericordioso; e Ele não te quer abandonar nem te extinguir, e não se esquecerá da aliança que jurou aos teus pais.
(Deuteronômio, 4:31)

O segredo da salvação espiritual-humana é persistir nos assuntos celestiais e, por força de seu benfazejo impulso, realizar algo que enobreça a sociedade pátria e mundial.

CONFIANÇA NO SALVADOR

Não podemos "morrer na praia", por causa dos titubeios, após atravessarmos a fortes braçadas oceanos turbulentos. Urge que mantenhamos firmemente a nossa **confiança no Salvador, Jesus**, que em hipótese alguma mentiu nem se deixou enfraquecer.

Como tantas vezes exclamava o Irmão Zarur:

— *Em qualquer circunstância, pensem logo em Jesus!*

SEMPRE HAVERÁ ESPERANÇA

Dos originais de meu livro *O Capital de Deus* (Editora Elevação), que vem sendo publicado em artigos, ressalto:

Se algo de ruim vier a nos acontecer coletivamente, será pelo abuso que fizermos do nosso livre-arbítrio relativo[12]. Por exemplo, diante da violência no mundo, do embrutecimento do coração humano, parte das novas gerações está sendo influenciada pela distorcida ideia de que o certo é ser violento. Enganam-se aqueles que pensam que se tornarão carrascos da sociedade. Na maioria das vezes vão se encontrar na posição de vítimas.

Recorro ao livro *Ação e Reação*, de **André Luiz** (Espírito), pela psicografia do Legionário da Boa Vontade **Francisco Cândido Xavier** (1910-2002). Em dado mo-

[12] **Livre-arbítrio relativo** — Leia mais sobre o assunto no capítulo "Deus, livre-arbítrio relativo e responsabilidade", da obra *Os mortos não morrem* (2018), de Paiva Netto.

mento, esclareceu o instrutor espiritual **Druso**, diretor da Mansão Paz — notável escola de reajuste, no Plano Invisível —, dirigindo-se a André Luiz e a **Hilário**, que estavam em aprendizado naquela Casa de Transição:

> — *Nossos atos tecem asas de libertação ou algemas de cativeiro, para a nossa vitória ou nossa perda. A ninguém devemos o nosso destino senão a nós próprios. (...) Se a sabedoria de nosso Pai Celeste não prescinde da justiça para evidenciar-se, essa mesma justiça não se revela sem amor.*

As Almas afastadas do Amor sucumbem na esterilidade, permanecem secas, quedam-se infrutíferas, até que concluam que somente o Amor Fraterno pode, em definitivo, alimentá-las, fortalecendo-as e transformando-as em **potentes dínamos de vitórias extraordinárias**.

Não inventemos, pois, **obstáculos aos caminhos abertos por Deus** para a nossa trajetória tanto aqui como na Pátria Espiritual. Nem sequer esbravejemos contra os Céus pelos infortúnios que nos impingimos. **A Justiça Divina** é a expressão do Amor Universal, que **age para curar as feridas da Alma**, por meio das necessárias correções de rumos dos nossos destinos.

O progresso bem conduzido, bafejado pela Espiritualidade Superior, é satisfação para os povos. E o Criador revela-se nos gestos mais simples. Como afirmava o filósofo e poeta grego **Teócrito** (aprox. 320-250 a.C.):

> — *Enquanto há vida, há Esperança.*

Ora, a **nossa existência verdadeira é eterna**, portanto... **sempre haverá Esperança.**

Temos de sair da tangência dos problemas, para adentrar no cerne das soluções. Daí a importância do **Evangelho-Apocalipse de Jesus**, visto ser ele **o necessário pilar** de toda a civilização moderna para derrotar seus enormes desafios.

COM A PALAVRA, PIO XI

Bem oportuna esta exortação do papa **Pio XI** — Achille Ratti (1857-1939) — na Encíclica *Caritate Christi Compulsi*:

> — *A crença em Deus é o fundamento indestrutível de toda a ordem social e de toda a responsabilidade sobre a Terra (...).*

É evidente que o ex-cardeal de Milão, Itália, se refere ao Deus reconhecido como Amor, na definição de Jesus, registrada por João Evangelista, em sua Primeira Epístola, 4:8 e 20:

> 8 *Aquele que não ama não conhece a Deus, pois Deus é Amor.*
>
> 20 *Se alguém disser: Amo a Deus, e odiar a seu irmão, é mentiroso; pois aquele que não ama a seu irmão, a quem vê, não pode amar a Deus, a quem não vê.*

A TAÇA TRANSBORDANTE

No livro *Lendas do Céu e da Terra*, de autoria de **Malba Tahan**, pseudônimo do famoso escritor e matemático brasileiro Júlio César de Mello e Souza (1895-1974), fui buscar este precioso ensinamento:

> *Contam que um califa de Bagdá tinha um filho, já moço, muito acanhado e tímido. O rapaz não saía à rua para que o não vissem e dessem atenção ao seu modo de andar e o apontassem como sucessor do rei.*
>
> *O pai* [o califa de Bagdá], *a quem muito mortificava a timidez do filho, um dia chamou-o à parte e disse-lhe:*
>
> *— Toma esta taça de cristal. Hás de levá-la com água a transbordar, desde este palácio até a mesquita, sem, contudo, entornares uma gota sequer. É essa a minha ordem. E muito triste ficarei se me desobedeceres!*

> [Então,] *pelas longas e tortuosas ruas de Bagdá sai o moço a caminhar com imensa cautela, completamente alheio ao rebuliço da massa popular, e indiferente aos olhares dos curiosos espectadores. Sim, porque era preciso obedecer a seu pai. E ele fez exatamente como lhe fora ordenado. Tornando à casa, perguntou-lhe o rei se havia notado a curiosidade dos transeuntes.*

O rapaz, surpreso, lhe perguntou:

> — *Como me seria possível fazê-lo, respondeu, tendo na mão a taça a transbordar?*

E o autor conclui:

> *Assim também, se tu, meu amigo, se tu, minha amiga, andasses pela vida preocupado com uma taça a transbordar, afastarias de ti o despeito humano e caminharias pela estrada do dever com tranquila confiança. Ora, essa taça mais frágil que o vidro, mas que deve absorver os teus sentidos, é a tua alma cristã. E se possuis essa preciosa e delicada taça e desejas transportá-la, por que emprestar tanta importância aos olhares e críticas dos transeuntes que querem perturbar a tua jornada gloriosa pela vida?*

Eis aí! Que instrutiva lição foi aprendida pelo jovem príncipe. Todo aquele que procura vivenciar os exemplos fraternos do Cristo, seja essa pessoa cristã propriamente dita ou não, e cumpre o Seu Novo Mandamento — *"Amai-vos como Eu vos amei. Somente assim podereis ser reconhecidos como meus discípulos, se tiverdes o mesmo Amor uns pelos outros"* (Evangelho, segundo João, 13:34 e 35) — permanece focada ou focado na Agenda Espiritual[13] que veio desempenhar neste orbe, como nos pede o ilustríssimo dr. Bezerra de Menezes (Espírito):

> — ***Juntar Prece e Trabalho****, resplandecer com as forças da* ***Oração e da Vigilância****. Assim devemos suplicar aos Anjos Guardiães, os quais velam pelo equilíbrio de nossa mente e, portanto, por nossa Alma. Rezemos para que nos deem a oportuna inspiração e nos orientem no governo de nossa vida particular e coletiva, gerando o bem maior, que é o* ***cumprimento da Agenda Espiritual, prevista para nossa jornada na Terra****. Antes do retorno ao*

[13] **Agenda Espiritual** — Leia mais sobre o assunto na obra *Conversando com seu Anjo da Guarda — A Agenda Espiritual* (Editora Elevação, 2007), da lavra do dr. Bezerra de Menezes, pela psicografia do sensitivo Cristão do Novo Mandamento Chico Periotto. Adquira pelo *site* www.clubeculturadepaz.com.br ou ligue 0300 10 07 940.

Mundo da Verdade, essa é a mais importante consideração que deve constantemente florescer em nosso Espírito.

Aquele que não possui um ideal no Bem corre o risco de não dispor de convicção em coisa alguma e está mais suscetível a se perturbar com a crítica alheia. Deve, portanto, ouvir em primeiro lugar a sua própria consciência. **Quem acredita no Divino Amigo e segue as Suas Lições Benditas de Amor, Verdade e Justiça nada teme nem faz mal a quem quer que seja.** Pelo contrário, mantém a Esperança no futuro com operosas mãos a realizar, no presente, o Bem pelo semelhante. Seja esse o nosso vitorioso aprendizado no caminho do Cristo. Porém, a fim de obtermos tal êxito, teremos que ser sempre perseverantes, obstinados, pertinazes, decididos, ousados, resolutos, arrojados, de maneira a alcançarmos a salvação. Jamais percamos de vista esta máxima do Pastor Celeste:

> — *Em verdade, em verdade vos digo que aquele que crê em mim também fará as obras que Eu faço, e as fará maiores do que estas; porque Eu vou para meu Pai* [e vós permanecereis na Terra].
>
> Jesus (João, 14:12)

AS ANDORINHAS VOLTAM

Um clima gélido, cruento, hostil não deve ser visto como estação permanente, pois o verão sempre retorna! Vem mesmo para aquecer os corações. Costumo lembrar-lhes acertado aforismo do escritor francês

Éliphas Lévi (1810-1875), que conforta os lutadores pelo Bem que firmemente prosseguem, a despeito das piores condições a serem superadas, porque **o Sol da Esperança há de brilhar**:

> — *Felizes daqueles que não desanimam nunca e que, nos invernos da vida, esperam as andorinhas em sua volta*[14].

Não é sem motivo que, há décadas, bradamos: **para os que verdadeiramente confiam em Jesus e Nele se integram** — como o fazem os perseverantes Legionários da Boa Vontade de Deus e Cristãos do Novo Mandamento, Amigos de Jesus —, **não há tempo frio nem quente. Há tempo de realizar!**

---

[14] Esse pensamento de Éliphas Lévi (pseudônimo de Alphonse Louis Constant), citado por Paiva Netto, é uma das belas composições entoadas pelo Coral Ecumênico Boa Vontade, intitulada *As andorinhas voltam sempre*. Ouça pelo Boa Vontade *Play*, disponível nas lojas *Android* ou *Apple* de aplicativos do seu celular.

A cura de um cego | 1871 | Carl Bloch (1834-1890) | Museu de História Nacional da Dinamarca

JESUS, A ETERNA CERTEZA QUE NÃO FRUSTRA

Jesus é a Eterna Certeza que não frustra os que Nele depositam a sua Esperança, e muito mais: a sua Confiança. Como podemos ler no Livro dos Salmos, 2:12:

> — *Bem-aventurados todos aqueles que confiam Nele* [o Filho do Senhor].

E essa magnífica ventura está ao alcance de todas as mãos calejadas pelas lutas da vida humana. Temos por nós esse bálsamo divino, assegurado pelo Mestre dos mestres:

> — *Vinde a mim, todos vós que estais cansados e oprimidos, e Eu vos aliviarei. Tomai sobre vós o meu jugo e aprendei de mim, porque sou pacífico e humilde de coração; e achareis descanso para a vossa Alma. Porque o meu jugo é suave, e o meu fardo é leve* (Evangelho, segundo Mateus, 11:28 a 30).

DEUS, A SEARA E O TRABALHADOR

O Senhor dará chuvas às sementes com que proverdes o solo e o pão que produzir a terra será nutritivo e saboroso. Naquele dia teu gado pastará em vastas pastagens.
(Isaías, 30:23)

A vida na **Pátria da Verdade** (o Mundo Espiritual) não é uma abstração, mas, sim, realidade avassaladora, como o tempo provará. **De suas fronteiras, desce ao ser humano incomensurável mensagem de Esperança**, posto que à dor, companheira contumaz da existência terrestre, sobrevirá a luz da Eternidade, de acordo com o que houvermos semeado na Terra. **A colheita lá depende de nosso cultivo aqui.** Nada mais justo. Portanto, usemos bem a seara que Deus nos oferece no plano das formas, de maneira que, **nesse solo fértil, plantemos a semente da transformação de nós mesmos**, que resultará no amadurecimento das coletividades.

ALIMENTAR A FORÇA DA ESPERANÇA E DA FÉ REALIZANTE

Diante das mais variadas situações, em que a dor, a angústia e o desespero chegam, muitas vezes sem avisar, é **imprescindível o gesto solidário das criaturas em prestar socorro espiritual e material ao seu próximo**. E, ao lado desse apoio imediato, é **preciso alimentar a força da Esperança e da Fé Realizante**, que movem o ser humano a se manter sob a proteção do Pai Celestial e o estimulam a **arregaçar as mangas** e concretizar suas mais justas súplicas.

VENCENDO AS DIFICULDADES

Nem só de pão vive o homem, mas de toda Palavra que provém de Deus.
Jesus (Mateus, 4:4)

O Cristo, em Sua Oração Ecumênica, o *Pai-Nosso*, nos fala a respeito do pão de cada dia, isto é, sobretudo, o pão transubstancial, a comida que não perece, o alimento para o Espírito. Quanto ao sustento para o corpo, uma vez abastecida a Alma, havemos de buscá-lo com o nosso esforço próprio, jamais nos esquecendo, porém, de auxiliar o próximo, de encaminhar, por rumos mais luminosos, a quem precisa. **Viver a Caridade de Deus representa uma das razões da existência das comunidades na Terra.** Conforme escrevi em *Jesus, o Profeta Divino* (2011)[15], **por pior que seja a conjuntura do mundo, não podemos perder a Esperança.** Com ela no coração, temos de nos preparar para vencer toda e qualquer dificuldade.

[15] ***Jesus, o Profeta Divino*** — Obra de Paiva Netto que integra a coletânea "O Apocalipse de Jesus para os Simples de Coração", ao lado de *Somos todos Profetas* (1991), *As Profecias sem Mistério* (1998), *Apocalipse sem Medo* (2000) e *Jesus, a Dor e a origem de Sua Autoridade — O Poder do Cristo em nós* (2014). Essa coleção já ultrapassou a marca de 3,5 milhões de exemplares vendidos. Adquira pelo *site* www.PaivaNetto.com/livros ou ligue 0300 10 07 940.

PALAVRA DE BOM ÂNIMO

A despeito de toda a luta, muita vez encarniçada neste mundo, confiemos no futuro. Pavimentemos os caminhos das novas gerações, depositando nossa Esperança na humanidade, teimosa em sobreviver a certos loucos e gananciosos que, em todos os tempos, influenciaram o destino dos povos. Façamos nossas as palavras do Profeta Samuel, em seu primeiro livro, 7:12, no Antigo Testamento:

— ***Até aqui nos trouxe Deus.***

E completemos sua palavra de bom ânimo: **O Pai Celestial certamente nos levará muito mais adiante**, pelas seguras sendas de Sua Luminosa Proteção!

Aprendemos na Religião de Deus, do Cristo e do Espírito Santo que **seguros estamos na Divina Segurança das seguras mãos de Jesus**!

ANO-BOM? DEPENDE DE NÓS!

Cada ano que desponta renova a Esperança em dias mais felizes. Previsões são feitas, metas estabelecidas... Entretanto, nada se modificará se não soubermos que, **por detrás do ideário de um mundo melhor, é indispensável**, logo em primeira instância, **uma postura íntima, espiritual-ecumênica, exteriorizada em boas ações**. Há décadas, indagado sobre as expectativas da virada de mais um ano, exclamei: **Ano-Novo! Ano-bom? Depende de nós!** E cada segundo da vida também!

RENOVAÇÃO DA ESPERANÇA

O Natal é a expansão da Fraternidade Ecumênica, e o Ano-Novo é a renovação da Esperança, cujo resultado dependerá de nossa capacidade de reação, criadores da riqueza ou mantenedores da pobreza, individual e coletiva, material e espiritual. A cada 25 de dezembro e 1º de janeiro, precisamos, crescentemente, entronizar os ensinamentos do Divino Mestre acima das tradições humanas, por mais respeitáveis e belas que sejam, pois

estas não podem substituir o sacrifício Daquele que, há dois mil anos, entregou Sua vida por Amor a nós. Somos ainda civilização cristã bem distante da ética do Evangelho e do Apocalipse de Jesus, senão como justificar tamanhas atrocidades que se repetem e se multiplicam no mundo?! Nosso melhor desejo ao querido povo brasileiro e aos estrangeiros de Boa Vontade, em qualquer época do ano, é o de que possam encontrar, sempre mais, o conforto, a sabedoria e a libertação que as lições do Educador Celeste verdadeiramente nos proporcionam para a Eternidade:

> — *Amai-vos como Eu vos amei. Somente assim podereis ser reconhecidos como meus discípulos* (Evangelho do Cristo, segundo João, 13:34 e 35).

Maria e o Menino Jesus | 1897 | Roberto Ferruzzi (1853-1934)

ESTRELA CINTILANTE DO ESPÍRITO MATERNO

E disse o Anjo a Maria Santíssima: Eu te saúdo, ó cheia de graça! O Senhor é contigo. Bendita és tu entre as mulheres. Bendito é o fruto do teu ventre [Jesus]!
(Evangelho, segundo Lucas, 1:28 e 42)

A maternidade é um sol que não se apaga. Por isso, rogo a Maria Santíssima, a Divina Mãe de Jesus, Estrela Cintilante do Espírito Materno, que leve aos corações humanos o sublime conforto de sua Alma caridosa. É o acolhimento universal que faz brilhar o elevado conceito de família que nos deve reger.

Ao seu Amantíssimo Coração, Mãe de todas as mães infortunadas, transcrevo este cântico em forma de poesia, da lavra do inesquecível vate português **Antero de Quental** (1842-1891), na psicografia de Chico Xavier. Quantas vezes Zarur, na *Prece da Ave, Maria!*, o declamou com eloquente emoção! E mantemos esta joia no ar, pela Super Rede Boa Vontade de Comunicação (rádio, TV e internet), ao longo de todas essas décadas, para o refrigério das Almas:

RAINHA DO CÉU

Excelsa e sereníssima Senhora,
Que sois toda Bondade e Complacência,
Que espalhais os eflúvios da Clemência,
Em caminhos liriais feitos de aurora!...

Amparai o que anseia, luta e chora,
No labirinto amargo da existência.
Sede a nossa divina providência
E a nossa proteção de cada hora.

Oh! Anjo Tutelar da Humanidade.
Que espargis alegria e claridade
Sobre o mundo de trevas e gemidos;

Vosso amor, que enche os céus ilimitados,
É a luz dos tristes e dos desterrados,
Esperança dos pobres desvalidos!...

Ampare, ó Mãe Adorada, os povos da Terra, guiando-os na direção da Paz de Deus.

A CORAGEM FEMININA

Mulher! Sinônimo de fortaleza, destemor e compaixão... Certamente por isso Jesus contou com o extraordinário apoio de incontáveis heroínas, a exemplo de **Maria**, chamada **Madalena**, **Joana de Cusa**, **Suzana**, **Marta** e **Maria**, irmãs de **Lázaro** — a quem o Sublime Amigo ressuscitou —, além de tantas outras que o Evangelho não registra, mas o Espírito de Deus imortaliza. No momento da crucificação, todas corajosamente acompanhavam Maria Santíssima, enquanto os homens, exceto João Evangelista, assustados, se escondiam. Depois, vieram a redimir-se. Aliás, na hora trágica no Gólgota, elas é que permaneceram ao lado do Divino Ressuscitado:

— *E diante da cruz estavam a Mãe de Jesus, a irmã dela e também Maria Madalena, e Maria, mulher de* ***Clopas*** (Evangelho do Cristo, consoante os relatos de João, 19:25).

Assim sendo, na Volta Triunfal do Taumaturgo Celeste ao planeta Terra — conforme está anunciado no Seu Santo Evangelho e no Seu Apocalipse Redentor, já que Ele vem dar *"a cada um de acordo com as suas obras"* (Boa Nova do Cristo, segundo Mateus, 16:27 e Apocalipse, 22:12) —, aquelas mulheres terão a glória de estar à frente da equipe de recepção. Elas e todos os que são capazes, pela força do Amor Fraterno, de transpor os perigos e não desonrar o seu Mestre, pois assegurou Jesus:

— *Todo aquele que me testemunhar diante dos homens, Eu o testemunharei diante do Pai, que está nos Céus; mas aquele que me negar perante os homens, também Eu o negarei diante do Pai, que está nos Céus* (Evangelho, segundo Mateus, 10:32 e 33).

Gosto muito deste significativo provérbio judaico sobre as mães:

— *Deus, não podendo estar em todos os lugares, fez as mães.*

ESPERANÇA DO AMOR INFINITO

"Deus é Pai, não é carrasco", afirmava o saudoso Irmão Alziro Zarur. **O alvo derradeiro de Sua Justiça é o perdão**, portanto, **a Esperança de Seu Amor Infinito**. Confiemos, pois, Naquele que tem a Autoridade de Deus para mitigar nossas dores:

> — *Ora, para que saibais que o Filho de Deus tem sobre a Terra autoridade para perdoar pecados, determinou ao paralítico:* ***Levanta-te, toma o teu leito e vai para tua casa*** (Evangelho de Jesus, consoante Lucas, 5:24).

LUME INAPAGÁVEL DA CELESTE CARIDADE

Ainda que um exército se acampe contra mim, o meu coração não temerá; e, ainda que a guerra se levante contra mim, conservarei a minha confiança.
(Livro dos Salmos, 27:3)

A todos quantos se defrontem pela vida com duras provações, ofereço este trecho da página que escrevi no Natal de Jesus, em Glorinha/RS, Brasil, no dia 25 de dezembro de 2001. Eu a incluí na nova edição de *Jesus, o Libertador Divino*, que em breve lançarei. Lá, profundamente comovido, afirmei:

O Salvador dos povos passou pela Terra e, para trazer-nos a libertação espiritual, teve de pagar pesado tributo. **Mas venceu.** Venceu e deixou o ensinamento de que, ao látego da dor, **surge a Luz**.

O sofrimento não abate a Alma do ser humano integrado Nele, o Cristo Ecumênico, o Divino Estadista. Pelo contrário, ergue o indivíduo ao seio compassivo do seu Criador. Ali, a pessoa se aquece, pois encontra **o Lume inapagável da Celeste Caridade**. E conhece, enfim, a verdadeira realização espiritual e material.

E vê! Vê, mesmo ainda estando no plano das formas, além das estritas fronteiras do horizonte terrestre, que não mais pode amesquinhar suas visões do Mundo Infinito, em que impera a alegria inefável do Natal Permanente do Mestre Amado. E ela, a criatura, começa a distinguir de onde vem um poder que não se abastarda na promiscuidade dos lamaçais dos desvios humanos. E logo se vai libertando do mal. Razão por que quem procura a morte para buscar a Deus comete grande e doloroso engano. A começar pelo fato de que Ele também se encontra dentro de cada um de nós. Revelou Jesus: *"O Reino de Deus está dentro de nós"* (Evangelho do Cristo, segundo Lucas, 17:21).

Mais uma vez não morreu a Esperança, porquanto Jesus de novo nasce, como a ressuscitar, todos os dias, nos corações dos que O amam.

Salve, ontem, hoje e eternamente, o Teu Natal Permanente, Jesus!

A CARIDADE ILUMINA O ESPÍRITO

Seja constante o Amor fraternal. Não negligencieis a hospitalidade, pois alguns, praticando-a, sem o saber acolheram Anjos.
(Epístola de **Paulo Apóstolo** aos Hebreus, 13:1 e 2)

Há uma oração que, desde seu nome, invoca um sentido de que todos necessitamos: *Charitas*, palavra latina que significa Caridade. Esse divino sentimento aprimora o convívio dos que buscam ver no semelhante algo além de um saco de carne ou fonte inesgotável de exploração.

A Caridade não é cativa da restritíssima acepção a que alguns a queiram condenar. Defendo, há décadas, que se trata da **mais elevada Política**, porquanto constitui ferramenta imprescindível para ajustar os mecanismos de uma sociedade ainda hoje regida pelo individualismo oportunista. **Ilumina o Espírito do cidadão. Ela inflama a coragem** da gente. Por que perder a Esperança? **A primeira vítima do desespero é o desesperado.**

Vamos, então, elevar o pensamento a Deus. De autoria do Espírito **Cáritas**, a súplica foi psicografada na noite de Natal de 1873, por madame **W. Krell**, em Bordeaux, França, e publicada em *Rayonnements de la Vie Spirituelle* [Irradiações da Vida Espiritual].

PRECE DE CÁRITAS

Deus, nosso Pai,
que sois todo Poder e Bondade,
dai força àqueles
que passam pela provação,
dai luz àqueles
que procuram a Verdade,
ponde no coração do homem

a Compaixão e a Caridade.
Deus!
Dai ao viajor a estrela-guia,
ao aflito, a consolação,
ao doente, o repouso.
Induzi o culpado ao arrependimento.
Dai ao Espírito a Verdade,
à criança, o guia,
ao órfão, o pai.
Senhor! Que a Vossa Bondade
se estenda sobre tudo o que criastes.
Piedade, Senhor,
para aqueles que não Vos conhecem,
esperança para aqueles que sofrem.
Que a Vossa Bondade permita
aos Espíritos consoladores
derramarem por toda a parte a Paz,
a Esperança, a Fé!
Ó Deus!
Um raio, uma centelha do Vosso Amor
pode iluminar a Terra,
deixai-nos beber nas fontes
dessa Bondade fecunda e infinita.
E todas as lágrimas secarão,
todas as dores se acalmarão.
Um só coração, um só pensamento subirá até Vós,
como um grito de reconhecimento e de Amor.
Como Moisés sobre a montanha,

nós Vos esperamos com os braços abertos,
Ó Bondade,
Ó Beleza,
Ó Perfeição.
Nós queremos, de alguma sorte,
merecer a Vossa Misericórdia.
Deus!
Dai-nos força,
ajudai o nosso progresso
a fim de subirmos até Vós;
dai-nos a Caridade pura e a humildade;
dai-nos a fé e a razão;
dai-nos a simplicidade,
Pai,
que fará de nossas Almas
o espelho onde se refletirá
a Vossa Divina Imagem.

Costumo dizer que **orar é viver a Lei de Deus a todo momento**, porque fala ao **coração**, e este é **a porta de Deus em nós.**

DIVINO MEDICAMENTO NAS HORAS DE TORMENTA

O coração alegre é como o bom remédio.
(Provérbios, 17:22)

Caridade, criação de Deus, é o sentimento que mantém o ser vivo nas horas de tormenta de sua existência. Ela nos convida a olhar mais alto e além, de maneira que divisemos a Luz que desce das Paragens Celestiais em nosso auxílio a exortar:

— *Sê forte e corajoso; não temas nem te espantes, porque o Senhor, teu Deus, é contigo por onde quer que andares* (Livro de Josué, 1:9).

Em todas as fases da vida, mormente na hora da dor, em vez de lamentações, não nos esqueçamos da Caridade e a pratiquemos com devoção e alegria. Trata-se de um **Divino Medicamento para a Alma**, de forma a nos libertar, pela ação efetiva em benefício do nosso semelhante, dos grilhões do sofrimento.

O LÁBARO DO TERCEIRO MILÊNIO DA ESPERANÇA

Aqui, mais uma vez me antecipando, compartilho com todos vocês, prezados leitores, outro trecho da próxima edição de *Jesus, o Libertador Divino*:

O Ideal da Boa Vontade sempre sobreviverá, porque tem o seu corpo místico iluminado por uma **ine-**

gável natureza realista que desce de Deus, tal qual a Nova Jerusalém, visto que incorpora em si mesmo Novo Céu e Nova Terra (Apocalipse de Jesus, 21:1 a 4).

O NOVO CÉU E A NOVA TERRA

> [1] *E vi* ***Novo Céu e Nova Terra****, porque o primeiro céu e a primeira terra passaram, e o mar já não existe.*
>
> [2] *Eu, João, vi também a Cidade Santa, a Nova Jerusalém, que da parte de Deus descia do céu, vestida como noiva adornada para o seu esposo.*
>
> [3] *Então, ouvi grande voz vinda do trono, dizendo: Eis aqui o tabernáculo de Deus com os homens. Deus habitará com eles. Eles serão Seu povo, e o próprio Deus, no meio deles, será o seu Deus.*
>
> [4] *E* ***lhes enxugará dos olhos toda lágrima, não haverá mais morte, não haverá mais luto, não haverá mais pranto, nem gritos, nem dor****, porque as primeiras coisas passaram.*

Jesus, o Supremo Governante da Nova Jerusalém, **é a certeza imortal de dias melhores, mais solidários**. Em Suas mãos potentes tremula o lábaro do Terceiro Milênio da Esperança.

ESPERANÇA PRAGMÁTICA

Cultivemos a Parte Divina que existe em todos os indivíduos, esperando ser despertada de forma eficaz, ao largo de crenças e descrenças, para a prática da Fraternidade Ecumênica e da Solidariedade sem fronteiras entre os habitantes de todas as nações.

— *Ah! É irrealizável!*,

alguém pode argumentar.

Lembre-se, então, por favor, do que Jesus nos deixou como valiosa lição para jamais ser esquecida:

— *O que não é possível ao homem para Deus é sempre possível* (Evangelho, consoante Mateus, 19:26).

É atribuído a **São Francisco de Assis** (1181-1226)[16], patrono da Legião da Boa Vontade, este ensinamento:

— *Comece a realizar o que é necessário, depois o que é possível, e, de repente, você se descobrirá fazendo o impossível.*

A Esperança deve permanecer viva e... ativa. De acordo com antigo provérbio russo,

— *confie em Deus, mas continue nadando para a praia.*

Por isso, assinala o ilustre dr. Bezerra de Menezes (Espírito):

— *Fazer o dever de casa é obrigação do ser humano.*

[16] **São Francisco de Assis** (1181-1226) — É exaltado por Paiva Netto como o Santo do Ecumenismo.

VIDA — A GRANDE ARTE DE DEUS

Fraternidade, Compaixão, Solidariedade, Generosidade são forças poderosíssimas, superiores a todos os ódios terrenos conluiados. Bem-aventurado o dia em que os seres espirituais e humanos compreenderem essa realidade palmar, que nos preenche a existência de Fé Realizante e de Esperança, que não morre nunca. **A Vida é a Grande Arte de Deus!**

SUBLIMES CAMINHOS DA ARTE

Pelos caminhos sublimes da Arte, nos elevamos à Face de Deus, que é Amor.

JESUS É FORTE MENSAGEM DE ESPERANÇA

Na vossa perseverança, salvareis as vossas Almas.
Jesus (Lucas, 21:19)

É proveitoso sempre guardarmos esse Divino Alertamento do Cristo Ecumênico, o Provedor Celeste, no coração e na mente em todos os instantes de nosso viver. Dessa forma, trilharemos cada vez mais o caminho rumo à Eterna Felicidade e à Glória de Deus.

Registrei em *Reflexões da Alma* (2003):

Jesus é forte mensagem de Esperança numa época de tamanha desilusão para tantos.

FUTURAS GERAÇÕES ESCLARECIDAS

Nas vindouras gerações esclarecidas repousa a Esperança de um mundo melhor! Por isso, costumo afirmar que **o jovem é o futuro no presente. Confiemos nele!**

Não foi sem razão que o célebre filósofo grego **Aristóteles** (384-322 a.C.) declarou:

> — *Todos quantos têm meditado na arte de governar o gênero humano acabam por se convencer de que a sorte dos impérios depende da educação da mocidade*[17].

---

[17] **Pensamento de Aristóteles** (384-322 a.C.) — Em um grande totem, ao lado do frontispício do Instituto de Educação que leva o seu nome, na capital paulista, Paiva Netto fez colocar essa máxima do famoso estagirita, grafada em letras douradas. A escola faz parte do Conjunto Educacional Boa Vontade, formado também pela Supercreche Jesus. O dirigente da LBV demonstra que Educação de qualidade, Solidariedade e Espiritualidade Ecumênica são indispensáveis à formação do ser integral. Tais valores refletem a Pedagogia do Afeto e a Pedagogia do Cidadão Ecumênico, que compõem a linha educacional criada pelo educador Paiva Netto e aplicada com sucesso na rede de ensino da LBV e nos serviços e programas socioeducacionais da Instituição.

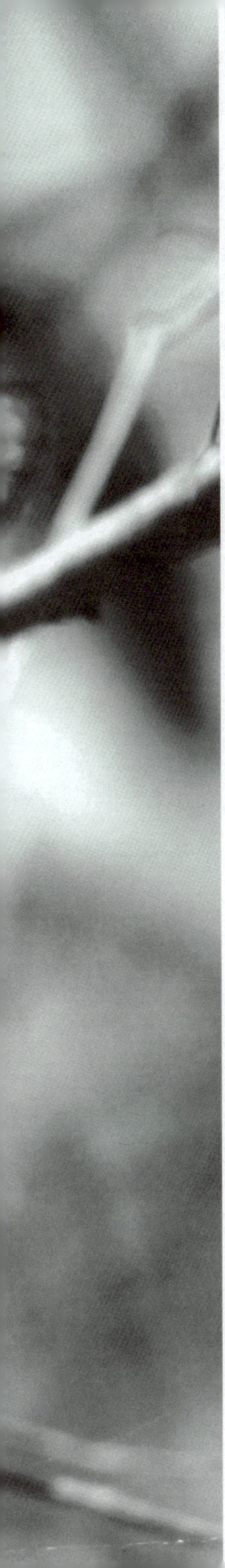

RESISTIR E VENCER

Quando ao Amor não é concedido o ensejo de atuar fraternalmente, a Mestra Dor é convocada para agir de forma impactante, cirúrgica, de modo a salvar o corpo físico ou social da gangrena. E a ela sobreviverão todos aqueles que souberem tirar das tormentas espirituais, psíquicas, morais e físicas maiores motivos para o crescimento pessoal e a vitória sobre suas imperfeições.

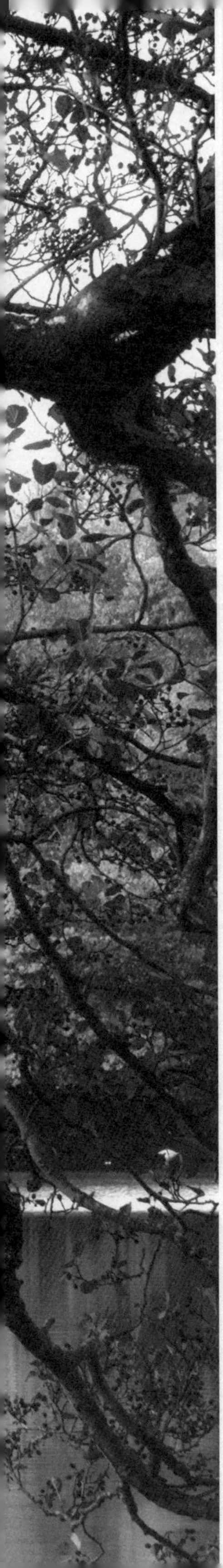

UMA ESCOLHA A SER FEITA

Refrigera a minha Alma; conduz-me, Senhor, pelas veredas da Justiça, por Amor do Seu Santo Nome.
(Livro dos Salmos, 23:3)

Quem ama sem interesses escusos realiza-se espiritual, pessoal e profissionalmente, ainda que o mundo inteiro esteja contra essa pessoa. Já aquele que não sabe o que é verdadeiramente amar decreta contra si próprio ou contra si mesma a falência da Alma, **até que a Mestra Dor desperte esse Espírito para a sua legítima origem, que é o colo de Deus, o Amor Infinito**.

FORTALEZA INDESTRUTÍVEL DA FAMÍLIA

Meditando acerca dos vínculos familiares, tão comumente tumultuados nesta era apocalíptica — Jesus já havia predito tal calamidade: *"um irmão entregará à morte outro irmão, e o pai, ao filho; filhos se levantarão contra seus pais e os matarão"*[18] —, escrevi no meu livro *Em Pauta*[19] (2008):

Apenas com o Amor Fraterno — passe o tempo que necessário for e superados todos os percalços — será sustentada a relação entre pais e filhos, filhos e pais, sólida e indestrutível, porquanto **a fortaleza dessa união estará sobre o mais sublime dos sentimentos solidários**.

---

[18] **Nota de Paiva Netto**
Esse trecho se encontra no Evangelho, consoante Mateus, 10:21, quando o Divino Pastor passava instruções gravíssimas aos doze Apóstolos, que havia escolhido: *"Ora, os nomes dos doze Apóstolos são estes: o primeiro é **Simão**, por sobrenome **Pedro**, e **André**, seu irmão; **Tiago** e **João**, filhos de **Zebedeu**; **Filipe** e **Bartolomeu**; **Tomé** e **Mateus**, o publicano; **Tiago**, filho de **Alfeu**, e **Tadeu**; **Simão**, o Zelote, e **Judas Iscariotes**, que O traiu"* (Evangelho, de acordo com os relatos de Mateus, 10:2 a 4).

[19] Adquira pelo *site* www.PaivaNetto.com/livros ou ligue 0300 10 07 940.

NÃO DESISTIR DAQUELES QUE AMAMOS

Considero este um dos mais comoventes versículos do Santo Evangelho de Jesus acerca da Caridade de Deus para conosco:

A MISSÃO DO FILHO DE DEUS
(Boa Nova do Cristo, segundo João, 3:16)

> — *De tal maneira amou Deus ao mundo, que lhe deu o Seu Filho Unigênito, para que todo aquele que Nele crê não pereça, mas tenha a Vida Eterna.*

E o Bom Pastor[20] jamais prescinde de nos acolher e zelosamente guiar para o soerguimento pessoal. Essa é uma das profundas lições evangélicas — portanto, da Cidadania Espiritual — que guardei em todas essas décadas nas lides das Instituições da Boa Vontade.

[20] **Bom Pastor** — Em Seu Evangelho, segundo João, 10:11, Jesus afirma: *"Eu sou o Bom Pastor. O Bom Pastor dá a vida pelas Suas ovelhas"*.

Em *Jesus, a Dor e a origem de Sua Autoridade — O Poder do Cristo em nós* (2014), anotei:

Não se deve desistir das pessoas que se ama; mesmo as que, por um motivo ou outro, se deixe de amar ou que nunca se amou. Na verdade, não se pode em hipótese alguma desamparar a criatura humana, porque no fundo formamos a Imensa Família de Deus. Aprendamos com Jesus: Ele é o Grande Amigo que não abandona amigo no meio do caminho. O Pastor Zeloso vai buscar a ovelha perdida onde quer que se encontre.

A PARÁBOLA DA OVELHA PERDIDA
(Evangelho de Jesus, segundo Lucas, 15:4 a 7)

4 *Qual, dentre vós, é o homem que, tendo cem ovelhas e perdendo uma delas, não deixa* [em segurança] *no deserto as noventa e nove e vai em busca da que se perdeu, até encontrá-la?*

5 *Achando-a, põe-na sobre os ombros, cheio de júbilo.*

6 *E, indo para casa, reúne os amigos e vizinhos, dizendo-lhes: Alegrai-vos comigo, porque já achei a minha ovelha perdida.*

7 *Digo-vos Eu que, assim, haverá maior júbilo no Céu por um pecador que se arrepende do que por noventa e nove justos que não necessitam de arrependimento.*

O DOM DA VIDA

O sofrimento é uma realidade. Mas deverá ser eternamente assim? **A Vida é um dom de Deus.** O ser humano, porém, precisa reconhecer o próprio valor, que se inicia no Plano Espiritual, de onde todos viemos e para onde, **na hora certa, determinada por Deus**, todos voltaremos. Quando se fala em desenvolvimento da autoestima da população, pensa-se, às vezes, somente no "desfavorecido da sorte". Este, em diversas ocasiões, demonstra maior força de vontade do que o "bem situado". Senão como explicaríamos a sua sobrevivência?

Vejam o exemplo das mães pobres, quão guerreiras são! Há tanto tempo afirmo que a elite de um país é o seu povo; o que significa dizer que desse modo merece ser tratado, para que qualquer nação cresça.

Não inveje "quem está por cima". Enquanto se faz isso, não se avança. Até porque não é recomendado julgar as pessoas pela aparência ou pelo *status* social, sobretudo quando se leva em consideração as mais variadas questões psicológicas. Por isso, é importante ir além da ilusão da superficialidade, do estereótipo. Lembro-me de que, no colégio, aprendi que **Eduardo VIII** (1894-1972) — aquele que abdicou do trono da Inglaterra porque se apaixonou pela norte-americana **Wallis Simpson** (1896-1986) — tinha, digamos, uma tremenda baixa autoestima. O pai, **George V** (1865-1936), que era dominador, não acreditava nele. Reparem que se referia a um integrante da família real inglesa. Entretanto, não são aspectos exteriores que definem os seres humanos. Todos têm seus dramas e carecem da Infinita Misericórdia de Deus.

Jamais se esqueçam de que a verdadeira fortaleza nasce do nosso íntimo espiritualmente sustentado no Supremo Criador. Ela se encontra no poder imanente da consciência em paz consigo mesma. Logo,

a prece é um fator essencial para nos fortificar. Não é esconderijo de covardes.

DIÁLOGO COM O ALTÍSSIMO

Orar robustece! Por isso, dedico a vocês esta súplica que Jesus elevou ao Pai, no mais impactante momento de Seu Sublime Ministério Crístico: *A Oração Sacerdotal* (Evangelho, segundo João, 17:1 a 24). Nas horas que antecediam a Sua infame crucificação, o Divino Amigo encontra forças suficientes para, em Seu diálogo com o Altíssimo, rogar por aqueles que o Pai havia entregado à Sua incomparável responsabilidade. Ele pede que todos igualmente participem, com Ele, da Glória Celeste com que foi distinguido desde a fundação do planeta. O Senhor de nossas vidas assinala o desejo de propiciar a ligação, ainda que incipiente, das inteligências encarnadas e desencarnadas — a União das Duas Humanidades, ou seja, a do Mundo Espiritual com o material. E isso ocorre quando o mais doloroso quadro de ingratidão se desenhava no cumprimento de um sacrifício extremado, na mais significativa demonstração de Amor e Compaixão a que este mundo já assistiu.

Em *Joias do Bom Pensamento*, antiga publicação da LBV, o saudoso Irmão Alziro Zarur (1914-1979) fez magistral síntese dessa tocante

ORAÇÃO DE JESUS AO PAI — ORAÇÃO SACERDOTAL[21]

Pai, é chegada a hora. Glorifica Teu Filho, para que o Filho Te glorifique; pois Lhe conferiste autoridade sobre toda a carne, a fim de que Ele conceda a Vida Eterna a todos os que Lhe deste. E a Vida Eterna é esta: que Te conheçam a Ti, o único e verdadeiro Deus, e ao Cristo que enviaste. Eu Te glorifiquei na Terra, consumando a obra que me confiaste para fazer. ***E agora, ó Pai, glorifica-me Contigo mesmo, com a glória que Eu tive junto de Ti, antes que houvesse Terra.*** *Revelei Teu nome aos homens e mulheres que me deste do mundo. Eram Teus, e os confiaste a mim, e eles estão vivendo de acordo com a Tua Palavra. É por eles que Eu rogo; não rogo pelo mundo, mas por aqueles que me deste do mundo, porque são Teus. Já não estou no mundo, mas eles continuam no*

[21] **Oração de Jesus ao Pai — Oração Sacerdotal** — Boa Nova, consoante João, 17:1 a 6, 9, 11, 12, 15, 17, 20, 22 e 24.

mundo, ao passo que Eu vou para junto de Ti. ***Pai Santíssimo, guarda-os em Teu nome para que eles sejam UM, como nós somos UM.*** *Quando Eu estava com eles, sempre os protegi, e nenhum deles se perdeu, exceto o filho da perdição, para que se cumprisse a Escritura. Não peço que os tires do mundo, mas que os protejas do mal.* ***Santifica-os na Verdade: Tua Palavra é a Verdade.*** *Não rogo somente por eles, mas também por aqueles que creram em mim por meio da Sua pregação. Eu lhes transmito a glória que me deste, para que eles sejam UM como nós somos UM.* ***Pai, minha vontade é esta: onde Eu estiver, estejam também comigo aqueles que me deste, para que participem da glória que me conferiste, porque me amaste antes da fundação do mundo.***

Que essa sublime mensagem tenha feito bem a você, para que confie ainda mais na preciosidade que é a sua existência! E vamos em frente porque Deus Está Presente!

E, se for ateu, prossiga adiante, mas fazendo o Bem, pois vale a pena viver!

SAÚDE ESPIRITUAL

Jesus personifica a Divina Caridade à disposição de todos. Aquele que dela usufrui conquista, em primeiro lugar, a saúde da Alma.

APTIDÃO PARA SERVIR

Efeitos dos desatinos humanos ocorrem planeta afora em prejuízo de muitos. Aprendamos a sobreviver com o pensamento firmado na Espiritualidade Ecumênica, e a lucidez, a coragem, a pertinácia, a galhardia e a sabedoria espiritual irão revestir a nossa verdadeira aptidão para servir nossos semelhantes. **Quanto mais implacável for a luta, maior soma de tão elevados atributos conquistaremos, desde que não baixemos a nossa bandeira de Fé Realizante.**

O Apóstolo dos Gentios, Paulo de Tarso, em sua Epístola aos Romanos, 12:2, nos incentiva:

> — *Não vos conformeis com este século, mas transformai-vos pela renovação do vosso Espírito, para que experimenteis qual seja a boa, agradável e perfeita vontade de Deus.*

UMA CIÊNCIA ESPECIAL

A Caridade, sinônimo de Amor, é uma Ciência especial, a vanguarda de um mundo em que o ser humano será tratado como merece: de forma digna, portanto, civilizada. De acordo com o que escrevi em *Globalização do Amor Fraterno*[22], estaríamos, assim, **erigindo um Império de Boa Vontade** neste planeta, o estado excelente para o Capital de Deus, o Espírito Eterno do ser humano, que circula por todos os cantos e não mais pode aceitar a especulação criminosa de si mesmo.

[22] ***Globalização do Amor Fraterno*** — Publicação traduzida para diversos idiomas, especialmente dirigida por Paiva Netto, em 2007, em Genebra, Suíça, aos participantes da Reunião de Alto Nível (*High-Level Segment*) do Conselho Econômico e Social (Ecosoc), órgão das Nações Unidas, no qual a LBV possui *status* consultivo geral desde 1999.

A PAZ QUE NOS IMPULSIONA

Sintamos em nossas Almas **a Divina Esperança que desce do Alto** por intermédio deste bem-aventurado Cântico dos Anjos, anunciando o Nascimento Bendito de Jesus, o Senhor da Paz:

— *Glória a Deus nas Alturas, Paz na Terra aos de Boa Vontade!* (Boa Nova, segundo Lucas, 2:14)

Isso inspira o Natal Permanente da Legião da Boa Vontade que completou 70 anos[23] — *"por um Brasil melhor e por uma humanidade mais feliz"*. O Cristo de Deus deve nascer e renascer todos os dias nos co-

---

[23] **70 anos da LBV** — Ao completar seu septuagésimo aniversário em 1º de janeiro (Dia da Paz e da Confraternização Universal) de 2020, a Legião da Boa Vontade celebrou essa data gloriosa com uma edição especial da revista BOA VONTADE. Adquira seu exemplar pelo telefone 0300 10 07 940 ou leia a publicação por meio do *app* BOA VONTADE na loja de aplicativos de seu celular.

rações, a fim de manifestarmos o que de mais elevado habita em nosso Espírito.

Não foi sem motivo que, no logotipo da LBV — **um coração azul que pulsa Solidariedade Ecumênica** —, o Irmão Zarur fez constar estes dizeres bíblicos: *"Paz na Terra aos homens de Boa Vontade"*, acompanhando os 34 elos da corrente, que representam o versículo 34 do Santo Evangelho, segundo João, capítulo 13, no qual encontramos o fundamento das Instituições da Boa Vontade:

> — *Novo Mandamento vos dou: amai-vos como Eu vos amei. Somente assim podereis ser reconhecidos como meus discípulos, se tiverdes o mesmo Amor uns pelos outros.*
>
> Jesus (João, 13:34 e 35)

VONTADE VERDADEIRA

A força que nos une é a Boa Vontade de Deus, não a boa intenção humana, da qual *"está calçado o inferno"*, como proclama a sabedoria popular.

Em 4 de março de 1949, às 17 horas, o saudoso Irmão Alziro Zarur lançou seu famoso programa radiofônico *Hora da Boa Vontade*, na Rádio Globo do Rio de Janeiro/RJ. Era o nascedouro da Divina Legião da Boa Vontade, que viria a ser fundada por ele, em 1º de janeiro (Dia da Paz e da Confraternização Universal) de 1950. Naquela ocasião, ele proferiu palavras repletas de Espírito Eterno e de Esperança aos corações e, entre outros aspectos[24], sabiamente explicou:

— *Boa Vontade que é a vontade certa, vontade firme, vontade espiritual, vontade realmente boa, capaz de discernir entre o Bem e o mal, entre a Verdade e o erro, entre o Fato e as aparências do fato.*

[24] Conheça a "Mensagem do Amor Universal, pela Paz Mundial", transmitida pelo saudoso fundador da LBV em 4 de março de 1949. Encontra-se registrada no livro *Sagradas Diretrizes Espirituais da Religião de Deus, do Cristo e do Espírito Santo*, volume 1 (1987), páginas de 143 a 146.

MEDO E PRUDÊNCIA

Todos os meus temores se realizam, e aquilo que me dá medo vem atingir-me.
(**Jó**, 3:25)

O medo é o mais letal dos sentimentos. Paralisa o ser humano. E aqui não me refiro a casos patológicos, que precisam de cuidado médico e do imprescindível apoio espiritual.

Pavor não pode ser confundido com prudência. Alziro Zarur ensinava que

— ***o medo é o ímã do azar***.

Em *Apocalipse sem Medo* (2000), reproduzi trecho do discurso de posse, como presidente dos Estados Unidos da América, de **Franklin Delano Roosevelt** (1882-1945), em 4 de março de 1933, que tem muito a ver com o que preconizamos:

— *Deixem-me garantir-lhes minha firme crença de que a única coisa de que* ***devemos ter medo é do próprio medo*** *— terror sem nome, sem razão, injustificado, que paralisa todos os esforços necessários para transformar recuo em avanço.*

(O destaque é meu.)

Neste momento crucial da História, **busquemos segurança no Pai Celestial** e estendamos as mãos àqueles que trabalham, realmente, *"por um Brasil melhor e por uma humanidade mais feliz"*. Procuremos, como aconselha Roosevelt, ***"transformar recuo em avanço"***, isto é, receio em conhecimento, portanto, em luz, mas sob a claridade da qual possamos, vencendo milenares temores, construir o mundo novo prometido por Deus. **A verdadeira renovação nasce Nele**, que nos assegura neste verso de Divina Esperança:

— *Eis que faço novas todas as coisas* (Apocalipse do Cristo, 21:5).

"JESUS, POR NÓS, SE IMOLOU NA CRUZ"

Minhas Irmãs e meus Amigos, minhas Amigas e meus Irmãos, tive a imensa satisfação de, em 1º de outubro de 2005, um sábado, conduzir, na sede da regional da Legião da Boa Vontade na Cidade Maravilhosa, Rio de Janeiro, Brasil, uma proveitosa Cruzada do

Novo Mandamento de Jesus. Gostaria de transcrever neste livro destaque de minhas palavras naquele memorável dia:

Estamos às vésperas de mais um aniversário da Sede Espiritual da Religião de Deus, do Cristo e do Espírito Santo, o **Templo da Boa Vontade (TBV)**[25]. Será o 16º, a completar-se em 21 de outubro de 2005. A Religião do Terceiro Milênio a todos acolhe nesta Casa Santa, que está de portas abertas para agasalhar corações aflitos e em agonia, independentemente de crenças, descrenças e filosofias, revestindo cada peregrino com o Amor Universal de Jesus. Trata-se da **Globalização da Fraternidade Ecumênica**, defendida por mim desde a década de 1970. Muito além dos aspectos físicos de um monumento que exalta a Arte, a Cultura, a Natureza e a Arquitetura — afinal, foi construído para receber o povo com a nobreza que lhe é devida —, **seu luminoso desiderato é espiritual**: são Sete Faces que revelam o Criador Excelso. Foi erguido para cumprir **o Supremo Objetivo e a Missão Precípua da Religião Divina**[26]**: salvar vidas e**

[25] **Templo da Boa Vontade (TBV)** — Veja informações ao final deste livro, páginas 308 e 309.

[26] **O Supremo Objetivo e a Missão Precípua da Religião Divina** — Para saber mais, leia o capítulo "Religião Divina: Supremo Objetivo e Missão Precípua", constante do livro *Sagradas Diretrizes Espirituais da Religião de Deus, do Cristo e do Espírito Santo*, volume 1 (1987), a partir da página 179. Adquira o seu exemplar, físico ou digital, pelo *site* PaivaNetto.com/livros.

Almas para Deus e ecumenicamente preparar os caminhos da Volta Triunfal de Jesus ao planeta Terra.

Para erigir no Espírito dos seres humanos o Templo do Deus Vivo, fundamentado na Redentora Doutrina da Quarta Revelação — o Amor do Cristo elevado à enésima potência —, tivemos a honra de levantar, ó Senhor Jesus, mediante a Tua sublime condução e com a imprescindível ajuda de mulheres e homens de Boa Vontade, o Teu Templo do Ecumenismo Divino, porque o Pai Celestial, Tu, Mestre Amado, e a Trindade do Bem almejam a confraternização entre todas as criaturas na Terra e no Céu de nossa morada coletiva. **O que hoje parece impossível amanhã será cálculo elementar, a mais simples das equações.**

A humanidade possui um sexto sentido, percebe a existência do Plano Espiritual. Alziro Zarur, em 1953, anunciou na imprensa a vinda de Espíritos reencarnados que realizariam o que ele denominou de Revolução Mundial dos Espíritos. Ele a todos pregou, ensinou, esclareceu os corações e apresentou instrutivas mensagens dos nossos Amigos do Mundo ainda Invisível, na psicografia, por exemplo, de Francisco Cândido Xavier, entre outros renomados médiuns, incluída esta: "Jesus Está Chamando". Ela foi publicada na *Antologia da Boa Vontade* (1955) e tem como autor o Espírito **Emmanuel**, grande amigo do dr. Bezerra de Menezes, que é o coordenador na Pátria da Verdade, por vontade do Cristo, dos trabalhos dessa revolução *sui generis.*

REVOLUÇÃO MUNDIAL DOS ESPÍRITOS DE LUZ

O governo da Terra começa no Céu, a despeito das visões, muitas vezes, pretensiosas de Irmãos nossos que consideram que o raciocínio materialista seja suficiente para elucidar tudo. E sabemos: para as dores da Alma, ele absolutamente não é o bastante.

Ora, a esse título de Zarur — Revolução Mundial dos Espíritos — acrescentei a expressão "de Luz", de forma a realçar a indispensável atuação das Falanges Divinas, aquelas que foram convocadas pelo Poder de Deus a desempenhá-la, completamente, antes do findar deste grande ciclo apocalíptico. Não se trata do encerramento do século, pois 1999 foi uma data estabelecida por **Nostradamus** (1503-1566), e muita gente pensa que está na Bíblia. Não!

Zarur escreveu, em 1953:

> — *(...) Aliás, já se sabe hoje que aquele pugilo de agitadores de massas, que desencadeou a Revolução Francesa, está reencarnando no Brasil, para promover outra Revolução, por certo mais nobre e mais humana: a Revolução Mundial dos Espíritos. E não haja dúvidas: eles deixarão a Obra feita no Brasil, que é o Coração do Mundo e a Pátria do Evangelho, porque essa Revolução só estará concluída no fim deste ciclo apocalíptico.*

Assim como Jesus escalou esses Operários de Deus para dar início a tão sublime tarefa de renovação espiritual das mentes e corações, na atualidade, o Sublime Viticultor continua chamando novos trabalhadores para a Sua Seara, como sempre o fez, desde os tempos primevos, anteriores à Sua Primeira Vinda Visível ao planeta Terra, que Ele criou por ordem de Deus:

> — *No princípio era o Verbo, e o Verbo estava com Deus, e o Verbo era Deus. Ele estava no princípio com Deus.* ***Todas as coisas foram feitas por Ele, e sem Ele nada do que foi feito se fez: Cristo Jesus.*** *A vida estava Nele, e a vida era a luz dos homens. A luz resplandece nas trevas, e as trevas não prevaleceram contra ela* (Evangelho de Jesus, segundo João, 1:1 a 5).

E, obedecendo às Suas determinações divinais, muitos empreenderam trabalhos extraordinários para o esclarecimento dos seres humanos a respeito do fato de que **o Mundo Espiritual não é uma abstração. Logo, a Esperança cresce em nossa Alma, com a certeza da vitória sobre a morte!**

UM PROGRAMA QUE ILUMINOU A ERA DE OURO DO RÁDIO

Mas, voltando à *Antologia da Boa Vontade* (1955) — já falei isso várias vezes na Super Rede Boa Vontade de

Comunicação (rádio, TV, internet e publicações) —, "Jesus Está Chamando" é uma das composições espirituais mais tocantes, e o saudoso Irmão Zarur, com aquela voz de trovão, a interpretava de forma magistral. A página tem justamente o título do programa radiofônico criado por Zarur que revolucionou a pregação do Evangelho-Apocalipse de Jesus não somente no Brasil, mas em todo o planeta: *Jesus Está Chamando!*[27], famoso, polêmico e que iluminou a Era de Ouro do rádio.

No ano de 1982, quando o programa completou o seu Jubileu de Prata, na contracapa de um disco compacto que lançamos na voz do Proclamador da Religião Divina, registrei:

---

[27] **Programa *Jesus Está Chamando!*** — Na Rádio Mundial, antiga Emissora da Boa Vontade, de 1956 a 1966, Alziro Zarur divulgou a Bíblia Sagrada, em Espírito e Verdade, à luz do Novo Mandamento do Cristo, pregando de hora em hora, durante as 24 horas do dia, fato único em todo o mundo. Seguindo tal finalidade, ele criou, em 29 de janeiro de 1957, o programa *Jesus Está Chamando!*, no qual estudou, por exemplo, o Evangelho de Jesus e os Atos dos Apóstolos do Cristo e proferiu suas inesquecíveis preces do *Copo d'Água* e *Vamos Falar com Deus*, convidando os ouvintes à oração fervorosa ao Pai Celestial e à meditação irrestritamente ecumênica. Até hoje essas mensagens e preces, preservadas por Paiva Netto, são veiculadas pela Super Rede Boa Vontade de Comunicação (rádio, TV e internet). O programa foi sucesso de audiência, alcançando milhões de pessoas, mas também despertou reação adversa por parte de alguns, em virtude das ideias espiritualmente revolucionárias que Zarur comunicava, ao pregar sobre Religiões Irmanadas e Ecumenismo Irrestrito, numa época em que não havia muita abertura para essa mentalidade de vanguarda — o que nunca o fez desistir dessa empreitada, que lançou as bases do que mais tarde viria a ser denominado relacionamento inter-religioso no país.

Em 29 de janeiro de 1957, Alziro Zarur acendeu um **luzeiro espiritual de raios divinos** sobre o Brasil. **Iluminou a consciência desta grande pátria.** Lançou, pela Rádio Mundial, antiga Emissora da Boa Vontade, o brado que encheu de Esperança e de ânimo inderrotável milhões e milhões de Almas:

> — ***Jesus Está Chamando!*** *O ciclo está se fechando.* ***Jesus Está Voltando*** *e desta vez não é para ser crucificado, não! Que veja quem tem olhos de ver! Que ouça quem tem ouvidos de ouvir!*

E multidões atenderam e continuam atendendo ao chamado do Cristo, para a formação ecumênica de *"um só Rebanho para um só Pastor"* (Evangelho, segundo João, 10:16), que é Ele mesmo — Jesus.

Trata-se também do título da primeira fase iniciática da notável pregação da Religião de Deus, do Cristo e do Espírito Santo, que seu sempre lembrado proclamador anunciou e nós honrosamente temos levado adiante, a saber:

1ª) Jesus Está Chamando!;
2ª) Jesus Está Voltando!;
3ª) Jesus Está Chegando!; e
4ª) Jesus Chegou!

Vamos, portanto, à mensagem de autoria de Emmanuel (Espírito), trazida à Terra pelo renomado médium brasileiro Chico Xavier, imortalizada na voz de Zarur:

JESUS ESTÁ CHAMANDO

Desde a primeira hora do Apostolado Divino, Jesus está chamando cooperadores para o serviço de extensão do Reino de Deus neste mundo.

A princípio, chamou Pedro e André, os pescadores humildes, à tarefa de salvação.

Convocou Mateus, o administrador de impostos, à coleta de bens do Céu.

Trouxe Maria Madalena, obsidiada de sete demônios, para a necessária renovação.

Convidou Joana, a esposa admirável de ilustre funcionário do bem público, para o mesmo concurso fraterno.

Depois chamou Zaqueu, o mordomo da fortuna, do alto de um sicômoro, ao esforço da benemerência.

Exaltou em Maria de Betânia o valor da meditação.

Requisitou Marta, a preocupada servidora doméstica, para as obras do pensamento sublime.

Acordou Nicodemos para o ministério da santificação.

Ergueu Lázaro, no sepulcro, para a manifestação do Divino Poder.

E, ainda, no último dia e na derradeira hora, despertou um ladrão crucificado para a Divina Esperança.

Em todos os séculos de Cristianismo que estamos vivendo, Jesus continua chamando colaboradores para a Sua obra excelsa de aprimoramento e redenção.

Há serviço para cada um, degraus de luz para todos.

Para onde segues, Irmão? Jesus, por nós, se imolou na cruz. Que é que fazemos nós por Ele?

(O destaque é meu.)

E notem, pois o papel não pega entonação, que Zarur finalizava o último parágrafo com veemência: ***"Para onde segues, Irmão? Jesus, por nós, se imolou na cruz. Que é que fazemos nós por Ele?"*** E prolongava o "Eeeeele".

VASTA ACEPÇÃO DO "IDE E PREGAI" DE JESUS

Isso nos faz refletir profundamente sobre o significado do ***"Ide e pregai"*** de Jesus.

— *Mas, Paiva, o que é isso?! O que essa questão tem a ver com Esperança?!*

Ora, minhas prezadas leitoras, meus atentíssimos leitores, **a Boa Nova do Cristo é a mais eloquente Voz da Esperança** a se levantar nesses tempos tão obscuros e desalentadores para os povos. Além do mais, **Jesus não perde a Sua Divina Esperança em nós**. A todo instante, o que faz o Rei dos reis e Senhor dos senhores? Ele estende a mão e nos inspira, nos desperta, nos ergue e nos convoca à Sua Bendita Seara, para a salvação dos nossos Espíritos. Coloca ao nosso dispor toda a oportunidade de praticar o Bem e nos capacita com os Talentos de Deus para o nosso completo triunfo. E *"que é que fazemos nós por Ele?"*

Vocês sabem que o Divino Mestre deixou uma ordem para os Seus seguidores:

> ***— Ide e pregai por todo o mundo dizendo que é chegado o Reino de Deus. Levai a todos os cantos da Terra o Evangelho da salvação*** (Boa Nova, segundo Mateus, 10:7; e Marcos, 16:15).

O ***"Ide e pregai"*** de Jesus é um édito muito abrangente. Lógico que é propagar a Palavra Dele adiante, pois esse foi o Seu pedido literal, porém Ele quer, inspirando-me em outra memorável página de Emmanuel, **mais ação do que oração**. Há de surgir pela própria natureza dos fatos as Boas Obras dessa pregação, não somente feitos espirituais, morais ou materiais — porquanto as multidões estão famintas, não têm o que vestir, com o que se medicar... Contudo, a **Palavra de Jesus**, por conter a **Força Moral Celeste**, naturalmente **suscitará profunda transformação da sociedade**, tornando-a mais fraterna, porque falta Humanidade à humanidade.

Atravessamos uma fase de individualismo exacerbado, que parece sufocar a Esperança. Então, nos locais em que chegam a evangelização e a apocaliptização tocantes — afinal, **Religião é a boa emoção também** —, convincentes, claras, confortadoras, os resultados desta sementeira despontarão diante de nossos olhos. Vejam aí o nosso gravíssimo compromisso. Por dedução lógica, a sociedade será mais generosa, altruísta, solidária, ecumênica. **O *"Ide e pregai"* de Jesus é, portanto, levar a Sua Mensagem Redentora com tal competência que os frutos dignos de Seu Apostolado, repito, hão de eclodir, na forma de Esperança Divina nos corações.**

O Mestre da Solidariedade Universal sintetizou a chave do bem viver em comunidade:

> — ***Não há maior Amor do que doar a própria vida pelos seus amigos*** (Evangelho, segundo João, 15:13).

O ***"Ide e pregai"*** de Jesus é, por isso mesmo, a pregação magnânima que faz brotar vida nova na Alma do desesperado; humaniza a **Política**, espiritualizando-a, ao afastar o apego ao poder e extirpar a corrupção e as ambições desmedidas do âmbito da administração pública, espargindo o bem-estar espiritual, material e social às populações; promove a boa **Ciência**, que perscruta pelo progresso dos povos as trilhas ainda "insondáveis" de nossa verdadeira origem, a espiritual; eleva a **Filosofia** à reflexão além do intelecto, banhando as cerebrações com o óleo do sentimento; ilumina a **Economia**, para que invista e multiplique o Capital de Deus — ou seja, **o Espírito Eterno do ser humano**; norteia o genuíno sentido de **Religião**, a fim de clarear as estradas de Caridade e Benevolência que conduzem as criaturas ao seio do Criador, a despeito de diferenças de credo; enfim, faz com que tudo funcione a contento, digno da **Ordenação Crística**. E **quem cumpre as Normas de Jesus e de Seu Governo Celestial não tem medo de nada, nem mesmo da morte**. Claro que na hora certa, determinada por Deus.

Por esse motivo é tão importante para nós o alcance hertziano (ondas de rádio e TV) da nossa mídia e de todas as demais modernas formas que têm surgido — está aí a globalizante internet —, para levar o mais longe possível essa palavra de Paz que acalenta as Almas. Eis o iluminado papel da Comunicação 100% Jesus, ó Jovens da Boa Vontade de Deus, de todas as idades. Observem bem: ela não é 97, 98 ou 99,9%... É **100% Jesus**! Portanto, devemos nos valer de todos os meios e modos possíveis — tendo o Sábio dos Milênios como nosso elevadíssimo padrão de qualidade — para transmitir **o Divino Conteúdo Jesus**, revestindo cada Alma que recebe a fraterna mensagem da Quarta Revelação com **o Carisma do Santo Evangelho-Apocalipse do Cristo**.

Tamanho dever pressupõe seriíssima responsabilidade para quem viu a Divina Luz, bem como graves consequências aos que, a partir desse vislumbre, não a refletiram em seus atos. No Seu Santo Evangelho, segundo João, 9:41; 15:22 e 24, ensinou o Pedagogo Celeste:

> — *Se fôsseis cegos, não teríeis pecado algum; mas, porque agora dizeis: Nós vemos, subsiste o vosso pecado. Se Eu não tivesse vindo, nem lhes houvera falado, pecado não teriam; mas agora não têm desculpa do seu erro* [Sim, porque receberam o conhecimento que deve ser bem empregado, portanto lhes foi revelada a Luz]. *Se Eu não tivesse feito entre eles tais obras* [entre aqueles que O ouviram e testemunharam Suas milagrosas realizações], *quais nenhum outro jamais fizera, pecado não teriam; mas agora não apenas têm eles visto, mas também odiado, tanto a mim como a meu Pai.*

Meu Deus! Virar-se contra Quem se sacrificou ao trazer o esclarecimento espiritual para a salvação do mundo?!... Só pode ser tresloucado o que age dessa maneira.

Comete o infame crime da ingratidão por medo de perder o *status quo*, o controle, ou o passageiro mando, que, aliás, lhe fora concedido pelo Dono do Poder: Deus! Aquele ou aquela que possui tal receio e apego à ilusória posição material na vida já está decadente e não sabe.

O MEDO VEM DA IGNORÂNCIA ESPIRITUAL

Em 21 de dezembro de 1981, na cidade de Porto Alegre/RS, durante minha palestra intitulada "A Decodificação do *Pai-Nosso*", a certa altura, discorri acerca da força necessária para sobrepujar um estado de alma que tem atravancado o progresso da humanidade:

A Religião Divina veio à Terra para acabar com o medo entre os seres humanos. Medo oriundo da ignorância espiritual, mãe e pai degenerados de todos os males que afligem a Terra. O temor dá origem a discórdias e perseguições. Só quem tem medo persegue. É o medo de perder! O homem tem medo de perder seu lugar; de perder a mulher que ama. A mulher teme perder seu marido ou a posição hierárquica conquistada com tanto esforço. A mãe, os filhos. O advogado, a questão. O cientista, seu renome. O rico, sua fortuna. O pobre, seu barraco. Quem tem medo oprime, dilapida... Isso comprova a oportunidade desta diretiva de Alziro Zarur na Religião do Amor Universal:

— *Reformular primeiramente o homem, com o conhecimento da Verdade Divina, como ensinou Jesus, para que ele perca o temor das coisas:* **"Conhecereis a Verdade *[de Deus]*, e a Verdade *[de Deus]* vos libertará"**, *disse o Cristo em Seu Evangelho, segundo João, capítulo 8, versículo 32.*

E nós completamos: **Quem teme a Deus não teme aos homens. Quem respeita a Verdade Divina não pode baquear ante as ameaças de escravos da mentira.**

* * *

SUPRASSUMO DA ESPERANÇA

Concentremos o pensamento em Jesus, fortaleçamos a corrente que liga a Terra ao Céu, porque todos os acertados caminhos nos serão abertos por Deus. Precisamos ter humildade perante os mecanismos das Leis Divinas, que ainda desconhecemos e dos quais somos beneficiários de acordo com o nosso merecimento. Daí haver necessidade de se **perseverar na Fé Realizante para alcançar a Benemerência dos Céus**.

No segundo livro de Reis, Antigo Testamento da Bíblia Sagrada, capítulo 4, versículos de 1 a 7, lemos a narrativa de um prodígio do **Profeta Eliseu**, sucessor do **Profeta Elias**, quando ele socorre, valendo-se do fenômeno da materialização, uma pobre viúva.

Vejam aí o amparo do Pai Amantíssimo, que surge para os Seus fiéis seguidores nas horas mais ásperas das provações. **Isso é o suprassumo da Esperança:**

> 1 *E uma pobre viúva, das mulheres dos filhos dos*
> *profetas, clamou a Eliseu, dizendo: Eliseu, meu ma-*
> *rido, teu servo, está morto; e tu sabes que ele temia*
> *ao Senhor. Mas veio o credor a levar-me os meus*
> *dois filhos para fazê-los seus escravos.*
> 2 *E Eliseu lhe perguntou: Que posso eu fazer por*
> *ti, mulher? Dize-me: o que tens em tua casa? E ela*
> *respondeu: Eliseu, tua serva não tem nada em casa,*
> *senão uma botija de azeite.*
> 3 *Ao que o profeta lhe ordenou: Vai, mulher, pede*
> *para as tuas vizinhas vasos vazios emprestados e em*
> *grande quantidade.*
> 4 *Depois entra em casa, e fecha a porta atrás de ti*
> *e de teus filhos, e derrame o azeite em todos aqueles*
> *vasos* [quer dizer, a partir do pouco azeite que ela
> possuía]*; e coloque-os de lado à medida que estive-*
> *rem cheios!*
> 5 *Partiu, pois, a mulher e fechou a porta de sua*
> *casa atrás de si e de seus filhos; e eles lhe traziam os*
> *vasos, e ela os enchia.*
> 6 *E sucedeu que enchidos todos os vasos, disse a*
> *viúva a seu filho: Traze-me ainda um vaso. Porém*
> *ele lhe disse: Mãe, não há mais nenhum. Então o*
> *azeite parou de fluir.*

[7] Veio ela, a viúva, e o fez saber a Eliseu, homem de Deus; e ele lhe disse: Vai, vende o azeite para pagar a tua dívida. Depois, tu e teus filhos vivereis do que restou.

Louvado seja o Todo-Poderoso Deus!

Afirmou Jesus:

— *Tudo é possível àquele que crê* (Evangelho do Cristo, segundo Marcos, 9:23).

E é mesmo uma flagrante verdade. **A riqueza nasce do coração do ser humano e da compreensão que ele possui das Leis que regem o Universo.** Logo, o conhecimento espiritual gera fartura. Por isso, temos de estar sempre juntos dos nossos Amigos da Humanidade de Cima a serviço de Deus, tão bondosa e modesta, que realiza o seu trabalho e nem é vista pela maioria, ao menos por agora, mas que existe para gáudio de todos nós.

VENCENDO AS BARREIRAS INTRAMUNDOS

Falávamos, no início dessa nossa pregação, no preclaro Amigo Espiritual dr. Bezerra de Menezes, que tanto se empenha para o êxito da Revolução Mundial dos Espíritos de Luz, na Quarta Revelação, sempre doando mais de si. Jesus há de recompensá-lo.

São Francisco de Assis afirmava, em sua tocante prece:

> — *É dando que se recebe* [de Deus].

E o Cristo nos ensinou:

> — *Coisa mais bem-aventurada é doar de si mesmo do que receber dos outros* (Atos dos Apóstolos, 20:35).

Portanto, ninguém pode brincar impunemente com Preceitos Celestiais semelhantes a esses do Santo de Assis e do Seu Divino Mestre, como ele chamava Jesus. Paulo Apóstolo já alertava:

> — *Não vos enganeis: de Deus não se zomba; pois aquilo que o homem semear, isso mesmo terá de colher* (Epístola aos Gálatas, 6:7).

Assim, o nosso querido Irmão Bezerra de Menezes conseguiu manifestar-se, durante Reunião do Centro Espiritual Universalista, o CEU da Religião de Deus, do Cristo e do Espírito Santo, pela mediunidade do sensitivo Cristão do Novo Mandamento Chico Periotto. E "o Médico dos Pobres" venceu várias barreiras entre dimensões, porque o médium — também chamado de aparelho ou sensitivo — e o Espírito são individualidades distintas, locomovendo-se em frequências diferentes. Então, ele nos pediu que desligássemos as luzes para que pudesse transmitir a sua mensagem. Os iniciados espirituais — os que estão mais familiarizados com esse processo de ligação do mundo visível com o Mundo (ainda) Invisível — sabem que a claridade consome muito ectoplasma, um material plástico sutil de natureza espiritual e altamente moldável. À vista disso, apagamos as lâmpadas e recebemos o privilégio da presença de tão estimado Amigo da Pátria da Verdade. Por psicofonia, ele assim se expressou:

> *Prosseguimos no Mundo Espiritual trilhando as pegadas do Criador, emoldurando os trabalhos práticos de ação libertadora nos territórios que transitamos com a mesma disposição de outrora.*
>
> *Abraçamos os Espíritos zelosos que ultrapassam as barreiras densas do orbe terrestre no prestativo auxílio às comunidades da Terra, tantos colaboradores da Boa Vontade Mundial.*
>
> *Saudamos a luz que expande a sabedoria dos ensinamentos do Criador, nosso Irmão Maior Paiva Netto.*
>
> *Ajustes da comunicação à parte, brindamos aos que compõem a grande e imensurável Legião da*

Boa Vontade e a apoteótica Religião de Deus, do Cristo e do Espírito Santo por todas as regiões do Brasil e do mundo, pois encontramo-nos numa festa especial nas proximidades de mais um aniversário do Templo dos Espíritos na Terra, Templo da Boa Vontade [16º aniversário, em 2005].

Pacifiquem suas Almas, seus corações, certos de que os Espíritos que coordenam as atividades de redenção dos que querem evoluir permanecem vigilantes, a postos, no desenvolvimento fraternal da missão precípua do Templo do Amor Universal.

Caravanas descem de Planos Maiores e caravanas da Terra partem para as comemorações de mais um aniversário de fundação do Templo do Ecumenismo Divino.

Na Agenda Espiritual de nosso Brasil, a sua posição especial na humanidade encontra-se ligada diretamente aos acontecimentos espirituais do Templo da Cura.

Converso com as famílias de Boa Vontade da Terra e do Espaço, lembrando-as das responsabilidades morais que todos enfrentam em seus caminhos diante do Supremo Criador do Universo, o Deus Total.

A magnitude, os prodígios, a Esperança e tudo mais que reporte ao sucesso pleno dos Espíritos encarnados e desencarnados passa pela ambiência legítima da nave-mãe, espelho da igualdade que tanto almejam os seres terres-

tres. *Logo, isso somente é possível na universalidade do Amor, Amor evangélico, consoante os ditames do Cristo por intermédio de João, no capítulo 13, versículos 34 e também 35:* ***falamos do Novo Mandamento de Jesus e, portanto, da global junção do Espaço com a matéria, dos seres terrenos com o Etéreo****.*

Muito mais que uma simples construção física, nosso Irmão Maior Paiva Netto erigiu o ***Templo da Boa Vontade*** *como* ***a morada augusta dos Espíritos de Luz na Religião do Amor Universal****, e eles transformarão a humanidade para melhor.*

O mundo estremece com os acordes da tempestade das Almas, e ***o TBV recolhe os de Boa Vontade ao clarão maior que jamais destrói vidas, Àquele que eleva as criaturas à consagração do Espírito: Jesus, o Divino Luzeiro da Quarta Revelação****.*

Afastemos a indisposição, a acomodação e partamos ao trabalho redentor de catalisar todos aqueles que desejam o amparo sublime pela força da transformação íntima.

E ***o Templo da Boa Vontade renova a Alma suplicante, liberta integralmente o coração sofrido, amargurado****.*

Por isso, com o apoio das Comunidades Celestes, utilizemos os caminhos de Deus, buscando a aprovação de nossos queridos Guias, Mentores, Anjos

Guardiães, que desejam apenas o sucesso de todos vocês, ilustres seres de todas as esferas.

As famílias que compõem a sociedade devem juntar o máximo de seus entes queridos e levá-los constantemente à Unção Espiritual, ao Batismo em todos os aniversários materiais do Templo da Boa Vontade.

Festejemos com os Arcanjos, com Maria Santíssima, com o Mestre Jesus e com Deus, o Pai de todos os pais, a glória do Espírito Eterno!

Viva Jesus!

Profundamente emocionados, agradecemos ao prezado Amigo dr. Bezerra de Menezes a honra da constante presença espiritual entre nós. E que essa mensagem de Renovação da Fé Realizante, estimadíssima Irmã, preclaríssimo Irmão, tenha caído no solo fértil dos seus corações bem formados pela Boa Vontade Celeste. **A Religião de Deus, do Cristo e do Espírito Santo é uma Escola de Iniciação Espiritual aos assuntos divinos de portas abertas, para esclarecer e confortar toda a humanidade nesta era transitória apocalíptica, com o Evangelho-Apocalipse de Jesus, em Espírito e Verdade, à luz do Novo Mandamento do Cristo — *"Amai-vos como Eu vos amei. Somente assim podereis ser reconhecidos como meus discípulos"* (Boa Nova, segundo João, 13:34 e 35).**

SOIS LUZ

Jesus, o Divino Farol a guiar a humanidade pelos milênios, a Luz que não cria sombras, deixou-nos lições extraordinárias para que ousássemos avançar em nossa evolução espiritual. Em Suas vigorosas palavras no Santo Evangelho, demonstrou que poderíamos igualmente iluminar o planeta com os nossos exemplos de autêntica devoção e desprendimento, inspirados em Deus:

> — ***Vós sois a luz do mundo.*** *Não se pode esconder uma cidade situada sobre um monte; nem os que acendem uma candeia a colocam debaixo de um móvel; porém, no velador, e assim ilumina a todos os que estão na casa. Assim* ***resplandeça igualmente a vossa luz diante dos homens, para que vejam as vossas Boas Obras*** *e glorifiquem o vosso Pai que está nos Céus* (Evangelho, segundo Mateus, 5:14 a 16).

Eis a mais preciosa Caridade que a LBV e a Religião de Deus, do Cristo e do Espírito Santo têm para oferecer ao mundo: **para salvarmo-nos, precisamos salvar; para libertarmo-nos, precisamos libertar**. É a **Lei da Reciprocidade**, comum na Sociedade Solidária Altruística Ecumênica que pregamos e procuramos viver como Cidadãos do Universo, portanto, do Espírito:

> — *Tudo quanto, pois, quereis que os homens vos façam, assim fazei-o vós também a eles; porque esta é a Lei e os Profetas.*
>
> Jesus (Mateus, 7:12)

Cada espaço conquistado pelo Amor é perdido pelo ódio.

ABRIR O CORAÇÃO AO BEM

Só será possível alcançar a **plenitude da Sabedoria Espiritual**, quando o ser humano **abrir o coração para o Bem**, um dos muitos sinônimos de Deus.

No livro de **Jeremias**, 29:13, encontramos esta indesmentível verdade a todos aqueles que se refugiam no regaço de Deus:

> — *Vós me buscareis e me achareis quando me buscardes de todo o vosso coração.*

MISERICÓRDIA: O ALICERCE DA FÉ

O Universo é uma oração, um gesto de misericórdia do Pai Celeste, Lei Espiritual que, ao ser fraternalmente vivida, rege e transforma a existência de seres, povos e nações. Em razão disso,

> — *Bendito seja o Deus e Pai de nosso Senhor Jesus Cristo, que, segundo a Sua grande misericórdia, nos gerou de novo para uma viva esperança, pela ressurreição de Jesus Cristo dentre os mortos* (I Pedro, 1:3).

Costumo rogar em minhas preces: **Ó Jesus, cuja misericórdia nos sustenta! O que nos sustenta é a Misericórdia Divina**, na forma de saúde, de ânimo imbatível, de vontade de crescer (sem que o seja pisando sobre seus semelhantes). **O alicerce da Fé é justamente a Misericórdia do Celeste Provedor.** Portanto, **mesmo na penúria, se quisermos, seremos afortunados**. **Pobreza, riqueza, escravidão, liberdade encontram-se dentro de nós.** Ninguém aprisiona o Espírito de um homem livre, muito menos algema a Alma de uma mulher liberta pelo conhecimento da Verdade de Deus.

MISERICÓRDIA NO SENTIMENTO

Sede misericordiosos, como também é misericordioso vosso Pai que está nos Céus.
Jesus (Lucas, 6:36)

Sem Misericórdia, acabaremos por nos situar na era primitiva do sentimento.

JUSTIÇA DIVINA E PROFECIA

Minhas Amigas e meus Irmãos, minhas Irmãs e meus Amigos, conforme tantas vezes expliquei na popular série radiofônica "O Apocalipse de Jesus para os Simples de Coração" — que desde o início da década de 1990 é veiculada para o conforto e esclarecimento espiritual das massas —, não podemos dispor flores onde apenas existem espinhos. Devemos, todavia, preparar as gentes para que sobrevivam a todas as sequelas do que fora semeado por aqueles ainda distantes das Normas de Amor Cósmico. Observem bem: não é Deus Quem distribui mazelas aos Seus filhos, nem mesmo é Ele Quem pune. Somos nós que nos castigamos ao transgredir — e com que reincidência! — a Sua Lei. Ele é Mãe-Pai de Amor. Sua Justiça não admite a impunidade, mas igualmente não deseja a perdição de ninguém. Portanto, ratifico-lhes a todo instante que **só há uma resposta para a dificuldade: superá-la sobranceiramente**. Não adianta fechar os olhos diante dos problemas, mais sábio é transfigurá--los em vitória.

Leiam, por favor, o que vaticinou o **Profeta Zacarias**, em seu livro no Antigo Testamento da Bíblia Sagrada, 13:8 e 9, a respeito de acontecimentos tão dolorosos que a humanidade terá de enfrentar. **É uma narrativa provocada claramente pelos atos humanos falhos** (basta acompanhar o noticiário para ver que não estou proferindo nenhum absurdo). Vamos ao relato bíblico:

> [8] *Em toda a Terra, diz o Senhor,* ***dois terços dela serão eliminados e perecerão, mas a terceira parte restará nela.***
>
> [9] ***Farei passar a terceira parte pelo fogo, e a purificarei como se purifica a prata, e a provarei como se prova o ouro;*** *ela invocará o meu nome, e Eu a ouvirei; direi, então: É meu povo, e ela dirá:* ***O Senhor é meu Deus!***

Quão grave admoestação! Entretanto, reparem que, apesar desse cenário marcante, **o Criador dos Universos jamais nos abandona e sempre comparece com palavras de Esperança:**

> [9] *(...) ela* [a humanidade em provação] *invocará o meu nome, e Eu a ouvirei; direi, então: É meu povo, e ela dirá:* ***O Senhor é meu Deus****!*

Em razão disso, temos de nos fortalecer. Alertava o saudoso Irmão Zarur:

> — *Não há segurança fora de Deus.*

Eu mesmo fui inspirado a escrever que **o segredo da segurança pessoal no fim dos tempos é precisamente estarmos integrados na Lei Divina, expressa na Terra por Cristo Jesus, que é Deus em nós**.

Louvado seja o Pai de Misericórdia!

PALAVRA DE PERSEVERANÇA, CORAGEM E FÉ

Registrei a seguinte lição no terceiro volume das *Sagradas Diretrizes Espirituais da Religião de Deus, do Cristo e do Espírito Santo* (1991):

As provações existem para nossa instrução espiritual. Por efeito delas, somos convocados a fazer a nossa urgente escolha. E nós, de há muito, **depositamos a confiança em Cristo Jesus**. Com Ele, todos aprendem a **guardar a Palavra da Sua perseverança**, que nos fortalece a coragem de a tudo suportar com serenidade, de modo a enriquecer espiritualmente ainda mais aqueles que têm Fé Realizante e os que precisam ter Fé; portanto, toda a humanidade.

Antecedendo a Mestra Dor, o Amor apresenta-se para nossa redenção. Por isso, a Religião do Terceiro Milênio veio à Terra antes da Grande Tribulação e do Armagedom[28], a fim de preparar — com o testemunho de perseverança do Apocalipse Redentor — os Simples de Coração para vencê-los com Jesus na Alma.

Na Carta do Cristo de Deus à Igreja em Filadélfia (Apocalipse, 3:10), o Divino Taumaturgo nos conforta e encoraja:

[28] **Armagedom** — Citado no Apocalipse de Jesus, 16:16: *"E os juntaram* [os reis do mundo inteiro] *num lugar que em hebraico se chama Armagedom"*. O saudoso proclamador da Religião de Deus, do Cristo e do Espírito Santo, Alziro Zarur, costumava dizer: *"A guerra total, o Armagedom final, não deixará qualquer nação neutra"*. Leia mais sobre o assunto na coleção "O Apocalipse de Jesus para os Simples de Coração". Adquira pelo *site* www.PaivaNetto.com/livros ou ligue 0300 10 07 940.

— *Porque* ***guardaste a palavra da minha perseverança****, também* ***Eu te guardarei na hora da tormenta*** *que há de vir sobre o mundo inteiro, para experimentar os que habitam sobre a Terra.*

FONTE DA SABEDORIA

O tempo mostrará quão eficiente e benéfica é a ligação da criatura com o Seu Criador, Fonte da Sabedoria e da ação edificante. E não há melhor forma de promover essa Divina Conexão do que **servir a nossos Irmãos em Humanidade**.

Do Livro dos Salmos, 146:5 e 6, podemos entoar este valioso louvor ao Pai Celestial:

— *Bem-aventurado aquele que tem o Deus de* ***Jacó*** *por seu auxílio e cuja esperança está posta no Senhor, seu Deus, que fez os Céus e a Terra, o mar e tudo quanto neles há e que guarda a verdade para sempre.*

ONDE ENCONTRAR FORÇAS?

Quando nós oramos, **procuramos a força** onde ela se encontra: **em Deus**!

Foi o Sábio dos Milênios Quem nos ensinou:

— *Pedi, e Deus vos dará; buscai, e achareis* [o Bem]*; batei, e a porta vos será aberta. Porque todo aquele que pede recebe de Deus; e o que busca encontra* [o Bem]*; e, ao que bate, a porta lhe será aberta. Se teu filho te pede um pão, tu lhe dás uma pedra? Se teu filho te pede um peixe, tu lhe dás uma serpente? Ora, se tu, que és mau, sabes dar boas coisas a teu filho, que é que não dará o Pai que está nos Céus?*

Jesus (Lucas, 11:9 a 13)

DEUS, ALICERCE SEGURO PARA A VIDA

Em *Jesus, a Dor e a origem de Sua Autoridade — O Poder do Cristo em nós* (2014), ressalto que Deus é Excelentíssimo Alicerce, sobre o qual Jesus, o Mestre dos mestres, com a Sua Autoridade, nos aconselha, no Novo Testamento (Lucas, 6:47 e 48), a construir o nosso resistente domicílio:

> [47] *Todo aquele que vem a mim, e ouve as minhas palavras, e as põe em prática, Eu vos mostrarei a quem ele é semelhante.*
>
> [48] *É semelhante a um homem que edifica uma*

casa, à qual deu profundos alicerces e pôs o fundamento sobre a rocha; e, quando veio uma enchente de águas, deu impetuosamente a inundação sobre aquela casa, e não pôde movê-la, porque estava fundada sobre rocha.

Apenas desse modo seremos capazes de suportar os *tsunamis*; as inundações; os vulcões; os terremotos espirituais, morais e físicos; enfim, a tudo, com o Verdadeiro Poder do Sublime Governante da Terra.

O maior capital do ser humano é a sua Fé Realizante e o seu espírito imbatível diante das agruras que ainda atormentam as nações. A quem busca ancorar sua vida neste sublime porto seguro, afirmo com acentuada eloquência que **há Homem ao leme: Jesus**!

Por isso, ousemos edificar a Casa de Deus nas Almas e o Supremo Criador nos tornará firmes pilares de um futuro mais auspicioso:

> [12] ***Ao vencedor, Eu o farei coluna do Templo do meu Deus****, e dali não sairá jamais; gravarei também sobre ele o nome do meu Deus, o nome da cidade do meu Deus, a Nova Jerusalém que desce do Céu, vinda da parte do meu Deus, e o meu novo nome.*
>
> [13] *Quem tem ouvidos de ouvir ouça o que o Espírito diz às igrejas do Senhor* (Carta de Jesus à Igreja em Filadélfia, constante do Apocalipse, 3:12 e 13).

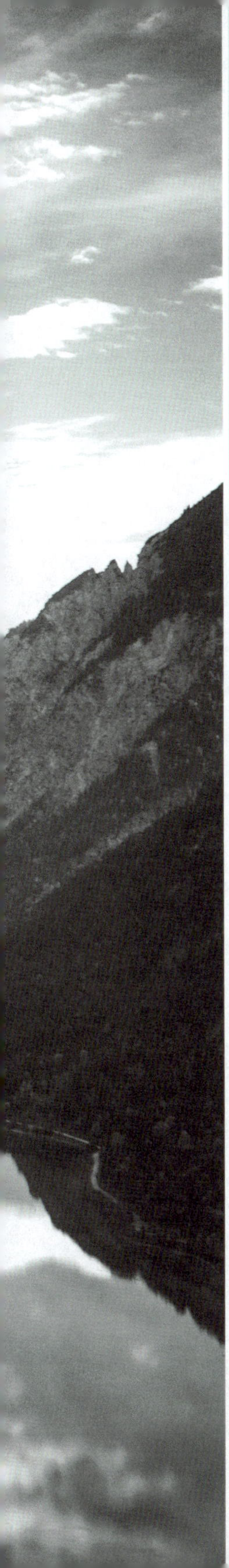

SERVIR AO CRIADOR

Não há tarefa mais dadivosa do que servir ao Criador, ecumenicamente espiritualizando, instruindo, amparando e dando condições de educação e trabalho a Suas criaturas, o ser humano, isto é, o Capital de Deus.

O sublime exemplo vamos buscar Naquele que, sendo Rei sobre toda a Terra, escolheu nascer numa manjedoura:

> — *(...) o Filho de Deus não veio para ser servido, mas para servir e dar a Sua vida em resgate por muitos.*
>
> Jesus (Mateus, 20:28)

DESCONSTRUIR O HOMEM-SER-RESTRITO

A brevidade do tempo é o fantasma que atormenta o homem-ser-restrito, até que, um dia, ele perceba que, na verdade, é Espírito Eterno, pairando acima de todos os grilhões da carne perecível limitante. **A Alma Imortal, criada à imagem e semelhança de Deus--Espírito, traz em si infinita fonte de Esperança.**

Dessa maneira, veremos que o tempo é, na realidade, o nosso fiel amigo, que nunca deve ser negligenciado, o que, muitas vezes, fazemos inconsequentemente. Cabe mencionarmos este instigante pensamento atribuído a **Abraão Lincoln** (1809-1865), 16º presidente dos Estados Unidos, que se encontrava exposto no gabinete do Irmão Zarur, no Rio de Janeiro/RJ:

— *O homem que se decide a parar até que as coisas melhorem verificará, mais tarde, que aquele que não parou e colaborou com o tempo estará tão adiante, que jamais poderá ser alcançado.*

Tenho afirmado em minhas palestras fraternas que, **se é difícil, comecemos já, ou melhor, ontem!, porquanto muito resta a ser feito**.

Leiamos o testemunho, em forma de poesia, da lavra do médico e poeta **Laurindo Rabelo** (1826-1864), fundamental para o nosso aprendizado. O "Poeta Lagartixa" — assim conhecido porque era magro e de estatura alta — possuía um espírito francamente crítico. Vendo quanto tempo tinha perdido em coisas fúteis que antes considerava sérias, ele aconselha aqueles que desperdiçam oportunidades a não mais cometer essa falta grave, para mais tarde não chorar amargamente. Eis o extraordinário soneto:

A CONTA DO TEMPO

Deus pede estrita conta do meu tempo;
Forçoso é do meu tempo já dar conta.
Mas, como dar, sem tempo, tanta conta,
Eu que gastei, sem conta, tanto tempo?

Para ter minha conta feita a tempo,
Dado me foi bom tempo e não fiz conta;
Não quis, sobrando tempo, fazer conta;
Quero hoje fazer conta e falta o tempo.

Oh! vós que tendes tempo sem ter conta,
Não gasteis esse tempo em passatempo!
Cuidai de, enquanto é tempo, fazer conta!

Mas, ah! se os que contam com seu tempo,
Tivessem desse tempo alguma conta,
Não choravam, como eu, o não ter tempo!

Costumo dizer que **o tempo vai passar de qualquer maneira. Não o percamos. Gastemo-lo praticando o Bem.** E, ao compreender nossa origem divina, jamais olvidaremos esta salvadora lição evangélica deixada pelo Sublime Professor:

> — ***Ajuntai para vós tesouros no Céu****, onde nem a traça nem a ferrugem consomem, e onde os ladrões não escavam nem roubam.* ***Porque onde está o teu tesouro, aí estará também o teu coração.***
>
> Jesus (Mateus, 6:20 e 21)

A adoração dos pastores | 1650 | Bartolomé Esteban Murillo (1617-1682) | Óleo sobre tela | 197 x 228 cm | Museu do Prado, Madri

A ESPERANÇA DESCEU À TERRA

Há dois mil anos a Esperança desceu à Terra para aplacar as dores com o Divino Luzeiro da Fé: nasceu o Filho do Deus Altíssimo!

Em *Jesus, a Dor e a origem de Sua Autoridade — O Poder do Cristo em nós* (2014), escrevi:

Na manjedoura, acendeu-se uma luz, que cresceu no Calvário para clarear a consciência terrestre. Essa Cintilante Luminosidade **glorificou o destino humano na Ressurreição** e encheu de Esperança o mundo quando Jesus subiu aos Céus e os Anjos anunciaram aos galileus, comovidos e atônitos, que, da mesma forma, o Cristo regressaria à Terra (Atos dos Apóstolos, 1:11):

> — *Varões galileus, por que estais olhando para o céu? Esse Jesus que dentre vós foi recebido no Alto, assim virá do mesmo modo como O vistes subir.*

Ora vem, Senhor Jesus!

JESUS, O VERDADEIRO LIBERTADOR E A ESPERANÇA DIVINA

Ora, o Senhor é o Espírito; e, onde está o Espírito do Senhor, aí há liberdade.
(II Paulo aos Coríntios, 3:17)

Liberdade e Esperança são dois valores dos quais a criatura humana não pode abrir mão. Deve, contudo, saber honrar o primeiro para ser merecedora permanente das dádivas do segundo.

O grande poeta e veterano Legionário da Boa Vontade de Deus dr. **Mario Bogéa Nogueira da Cruz** (1925-2012), de São Luís do Maranhão, a Atenas brasileira, declarou:

— *Ter liberdade é viver a Lei de Deus.*

O vate estava certíssimo, porque **a Liberdade Divina não é coercitiva**, porquanto nasce do Espírito esclarecido do ser humano. **Sem Amor (que é Deus) e Verdade (que é a Sua Palavra), não haverá auto-**

nomia real. Daí nossa Bandeira ser o Novo Mandamento de Jesus:

> — *Amai-vos como Eu vos amei. Somente assim podereis ser reconhecidos como meus discípulos, se tiverdes o mesmo Amor uns pelos outros. (...) Não há maior Amor do que doar a própria vida pelos seus amigos. (...) Porquanto, da mesma forma como o Pai me ama, Eu também vos amo. Permanecei no meu Amor* (Evangelho, segundo João, 13:34 e 35; e 15:13 e 9).

Já disse e repito: **O Amor Fraterno é um dos mais potentes dispositivos da Justiça Divina**. Trata-se da mais inteligente Política. Nossa missão é, pois, por intermédio da Mídia da Boa Vontade — a Comunicação 100% Jesus —, levantar as Almas sofredoras (porque os mortos não morrem) e os seres humanos do cativeiro da ignorância dos assuntos concernentes à Sabedoria Celeste, para elevá-los a **um novo e amplíssimo sentido de emancipação**. Por isso, ensinou o Cristo:

> — *Conhecereis a Verdade* [de Deus], *e a Verdade* [de Deus] *vos libertará* (Evangelho, segundo João, 8:32).

Eis o fundamento de todo o nosso trabalho, pois, não me canso de afirmar, **o governo da Terra começa no Céu**.

JESUS RESSUSCITOU, E NÓS, COM ELE

Jesus, o Cristo Ecumênico, o Divino Estadista, ressuscitou, e nós, com Ele, todas as vezes que integrados estamos no Seu pensamento de Amor, Justiça, Solidariedade e Generosidade. Conforme grafei em *Jesus, a Dor e a origem de Sua Autoridade — O Poder do Cristo em nós* (2014):

> Do infortúnio, do qual tantos retiram derrota, Jesus, sob a inspiração de Deus, construiu a Sua Autoridade e estabeleceu o Seu Poder. **Aprendamos a vencer com Ele!**

A Ressurreição | 1881 | Carl Bloch (1834-1890) | Óleo sobre cobre |
Castelo de Frederiksborg, Hillerød (Dinamarca)

TRINDADE SAGRADA

Em Sua Primeira Vinda Visível à Terra, Jesus foi sepultado, contudo reapareceu à visão de todos, três dias depois. Cada um deles correspondendo a uma figura da Trindade Sagrada, dispostas na ordem inversa: o Espírito Santo, o Cristo e a explosão de luzes quando Ele ressurgiu em Deus, que é o Senhor da Vida, o Criador de todas as criaturas, o Supremo Arquiteto do Universo, **a certeza imortal de dias melhores**.

Entrada do Cristo em Jerusalém | Bernhard Plockhorst (1825-1907)

O DIVINO REFERENCIAL JESUS

Bendito aquele que vem em nome do Senhor!
(Boa Nova, segundo Lucas, 13:35)

O nosso referencial é Jesus! Por que não se consegue extinguir nos corações a chama de Sua Boa Nova? Porque o Seu Santo Evangelho e o Seu Apocalipse Redentor apresentam **leis morais e espirituais**, sem o que as criaturas não podem suplantar as dificuldades, pois **a Mensagem de Jesus é pragmática e sublime**. Com o Cristo — o Magnânimo Protetor —, a Esperança que jamais decepciona, revestimo-nos de couraça indestrutível contra todas as intempéries do mundo.

TRANSFORMAR IDEAL EM PRAGMATISMO

No *Manifesto da Boa Vontade*, que redigi por ocasião do lançamento da Pedra Fundamental do Parlamento Mundial da Fraternidade Ecumênica, o ParlaMundi da LBV[29], em Brasília/DF, Brasil, no dia 21 de outubro de 1991, declarei que **é indispensável descer dos altos planos das ideias para a planície das realizações**.

Allan Kardec (1804-1869) advertiu que

> — *cada um terá de dar contas da inutilidade voluntária da sua existência.*

Para ilustrar, prestemos bem atenção à advertência de **Robert Kaplan**, renomado professor da Harvard

[29] **Parlamento Mundial da Fraternidade Ecumênica, o ParlaMundi da LBV** — Forma, com o Templo da Boa Vontade (TBV), o Conjunto Ecumênico Boa Vontade, localizado em Brasília/DF, Brasil. Leia mais sobre o assunto nas páginas finais deste livro.

Business School, em palestra no Fórum Mundial de Lucratividade, ocorrido na capital paulista, em 2008, para mais de dois mil executivos:

> — *A maior parte das empresas não tem êxito na implementação de sua estratégia. O novo CEO de uma empresa internacional de petróleo, em outubro de 2007, disse: "Não tínhamos problemas com nossa estratégia, e sim com sua execução".*

Vem ao encontro dessa questão **Karl Marx** (1818-1883), quando afirma:

> — *Para realizar as ideias, são necessários homens que ponham a funcionar uma força prática.*

DECISÃO EM CRISTO JESUS

Quem determina o nosso destino não é a vontade alheia. **É a nossa decisão em Cristo Jesus!** Portanto, nada de ficarmos ansiosos quanto ao futuro. Essencial é que **façamos a nossa parte**, com todo o empenho, como aconselha Jesus, ao advertir que devemos orar e vigiar (trabalhar). Entretanto, concomitantemente ao **esforço pela sobrevivência**, Ele nos convida a ter **Fé poderosa**, ao afirmar, no Seu Evangelho, segundo Mateus, 6:34 e 32:

> 34 *Não vos inquieteis com o dia de amanhã, pois o amanhã trará os seus cuidados.* ***A cada dia já basta o seu mal.***
>
> 32 *(...) vosso Pai Celeste sabe do que necessitais.*

O Cristianismo não é apologia da ociosidade. A grande lição aqui é que não podemos viver sôfregos, pois, desse modo, seremos arrastados pela ambição desmedida ao abismo da avareza mais vil.

Quem quiser galgar êxito na vida cultive a **Fé em Deus**, mas **trabalhe**. A crença resoluta em nosso Pai Celestial não permite que sucumbamos. **Junta-se a perseverança com as Boas Obras e se vence pela inderrotável força da Fé Realizante!**

OS TRÊS SEGREDOS

Aquele que der de beber, ainda que seja um copo de água fria, a um destes pequeninos, por ser meu discípulo, em verdade, em verdade vos digo que de modo algum perderá o seu galardão.

Jesus (Mateus, 10:42)

Pense com o coração;
Fale com o coração;
Ame com o coração!

EQUILÍBRIO DESEJÁVEL

Quando o ser humano respeitar o ser humano, aí sempre haverá solução para qualquer problema, por pior que seja, porque ele não vai pensar só com o cérebro; usará também o coração. **O ideal é chegarmos ao ponto de raciocinar com o órgão do sentimento e sentir com o cérebro**, posto que as qualidades de um estarão iluminando as do outro. Aí haverá o equilíbrio desejável para o sucesso.

VIVÊNCIA DO BEM

O júbilo da Vida é aquele que lha damos. Logo, se ela for altamente desafiadora, não significa que não venha a se tornar rica em realizações e plena de felicidade. Tem de ser vivida em magnitude, pois há sempre ocasião de se vivenciar o Bem. E, **quando sentimos Deus**, que é Amor elevado à enésima potência, **a Vida alcança o ritmo e a extensão da Eternidade**.

Quer dizer, o Espaço-Tempo, a integração no Dia do Senhor[30], conforme lemos no Apocalipse, 1:10:

— *Achei-me em Espírito, no Dia do Senhor (...).*

E por que é necessária a nossa integração no **Dia do Senhor**? Justamente porque ele **singulariza o estado espiritual-psíquico de conformidade com o Espaço-Tempo de Deus**. Então, nós mesmos seremos Espaço-Tempo Divinos, ou seja, a própria Profecia, que é Deus em nós, *"o testemunho de Jesus"*, como está grafado no último livro da Bíblia Sagrada, 19:10:

— *(...) o testemunho de Jesus, o Cristo, é o espírito de Profecia.*

Integrados, pois, nesse Sacrossanto Conteúdo, nos tornaremos os reais condutores de nossos destinos; construtores, hoje, de dias mais felizes, no porvir.

[30] **Dia do Senhor (Espaço-Tempo)** — Leia sobre o assunto em *Somos todos Profetas* (1991), subtítulo "A questão do Dia do Senhor".

QUEBRANDO ALGEMAS

Jesus não é algema, mas liberdade sem drogas e outros desatinos que nada mais significam do que a destruição completa do indivíduo.

JAMAIS FUGIR

Aquele que foge dos seus problemas, com efeito, continuará cada vez mais prisioneiro deles. O que se deve sem demora fazer é trilhar, com acerto, **o caminho do Bem**.

SABEDORIA IMPRESSA NA ALMA

A Boa Vontade é a Sabedoria de Deus impressa na Alma dos seres humanos.

CONVITE À PAZ

Quando a criatura humildemente aceitar o convite do Criador à Paz, descobrirá que possui em si mesma toda a grandeza do Pai Celeste.

APENAS CASCAS DE BATATAS

Durante décadas, Alziro Zarur, saudoso proclamador da Religião de Deus, do Cristo e do Espírito Santo, encheu de ânimo e Esperança a Alma de seus ouvintes por intermédio da "Mensagem da Ave,

Maria!", que a Comunicação 100% Jesus mantém no ar todos os dias, às 18 horas. Na *Hora do Ângelus*, ele fazia pregações de grande conforto e esclarecimento e também magistralmente interpretava páginas espirituais elevadíssimas, de autores os mais variados, a exemplo desta crônica ditada pelo Espírito **Valérium**:

O ÚLTIMO DOS MORTAIS

Um homem triste morava em pequenina água-furtada, na parte superior de uma velha casa em ruínas.

Era um pardieiro sem dono. Paredões sem ninguém.

Era tão pobre que podia comer somente algumas batatas por dia.

Sentia-se abandonado, desgraçado, desditoso.

Dizia mesmo: "Eu sou o último dos mortais".

Entretanto, era firme na fé e orava, quase com orgulho, todas as noites.

— Deus de Bondade, dos aflitos deste mundo acho que sou o maior.

— Deus de Bondade, graças Te dou por ainda me alimentar com algumas batatas por dia.

Dois anos passaram, quando, ao se sentir mais aflito e mais infeliz, resolveu partir no rumo de outras terras.

E ele, que sempre saía na direção do quintal à procura das raízes que o sustentavam, desta vez saiu do lado oposto, no propósito de partir.

Ao descer o último aclive, escutou umas vozes.

— Ué! Alguém gemia? Então se voltou para ver.

Só então ele pôde verificar que um aleijado, um pobre homem já em chagas, morava embaixo, sobre um leito de palha e lama, vivendo quase que somente das cascas de batata que ele jogava fora...

Eis aí: em vez de maldizer a sua vida, o seu infortúnio, meu Irmão, minha Irmã, utilize o tempo em benefício próprio, como alavanca de seu destino, ao socorrer os que padecem ainda mais. Isso vai atraindo para seu Espírito benesses incontáveis, e as soluções surgirão no caminho. Diz um antigo aforismo que deve ser levado em alta consideração:

— *O pensamento é o alfaiate do destino.*

Portanto, somos aquilo que pensamos. Por isso, dentro das 21 Chaves Iniciáticas da Religião do Terceiro Milênio[31], temos as 7 Campanhas, sendo a primeira a do Bom Pensamento, seguida pela Campanha da Boa Palavra; Campanha da Boa Ação; Campanha

---

[31] **21 Chaves Iniciáticas da Religião do Terceiro Milênio** — *Vide* as *Sagradas Diretrizes Espirituais da Religião de Deus, do Cristo e do Espírito Santo*, volume 1 (1987).

da Boa Notícia; Campanha da Boa Diversão; Campanha da Boa Vizinhança; e Campanha da Boa Vontade Mundial.

SUPREMA VOCAÇÃO DE SERVIR

Se assimilarmos a **suprema vocação de servir**, termo que nos concede o ***status* de indivíduos úteis à comunidade**, perceberemos novos e mais acertados horizontes, nos quais se encontra a nossa inigualável felicidade.

Paulo Apóstolo, em sua Carta aos Filipenses, 4:7, nos incentiva:

> *— A Paz de Deus, que excede toda a compreensão, guardará os vossos corações e pensamentos em Cristo Jesus.*

Na década de 1980, escrevi em *Reflexões e Pensamentos — Dialética da Boa Vontade*:

Não há obstáculos intransponíveis em nosso horizonte, porque nosso horizonte é Jesus!

FÉ E BOAS OBRAS

A Fé é o combustível das Boas Obras; portanto, do trabalho. Muitos anos se passaram desde que proferi essa frase e ela continua cumprindo o papel de fortalecer os corações. É como a prece. **Elevar o pensamento é fundamental a todo instante**, porque a Alma, assim como o corpo, necessita de alimento. **O que sustenta o Espírito é justamente a oração.** O Amor que provém de Deus chega até nós, sobretudo, como resultado de nossa permanente sintonia com o Pai Celestial. Mas é preciso não esmorecer ante as intempéries da existência. É de Jesus, o Cristo Ecumênico, o Divino Estadista, este incentivo basilar:

> — *Aquele que perseverar até ao fim será salvo* (Evangelho, segundo Mateus, 10:22).

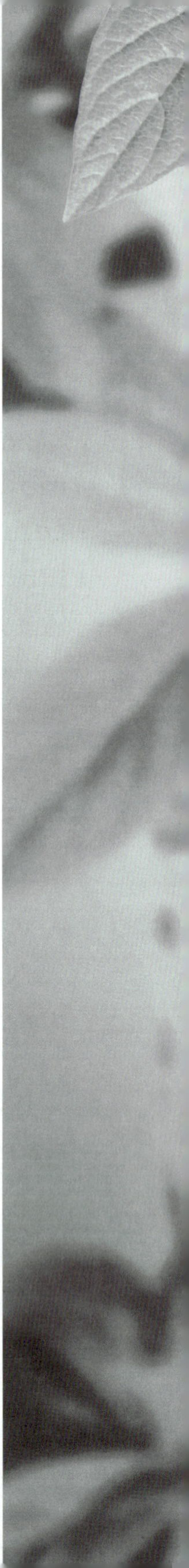

MELHORIA DA CONDIÇÃO PLANETÁRIA

Compreender, com profundidade de Alma, as lições universais do Divino Mestre Jesus, que jamais impediu o acesso ao Seu Supremo Saber a quem quer que fosse, é agir com denodo na efetiva melhoria da condição planetária.

DIANTE DO BEM O MAL NÃO EXISTE

Firmemo-nos no Bem. Combatamos o mal. Ele é sempre passageiro. Na verdade, **diante do Bem o mal não existe**. Tudo nele é aparente, transitório, até mesmo desprezível como força, porque, de fato, **estando com Jesus**, nós nos tornamos invencíveis.

FAZER CERTO

Tenho ensinado aos jovens da Religião de Deus, do Cristo e do Espírito Santo, e é sempre importante repetir, que a questão é **querer fazer; fazer, mas fazer certo**. O Bem, naturalmente, porque para fazer o mal já existe muita gente.

O saudoso proclamador da Religião do Terceiro Milênio, Alziro Zarur, certa vez, ressaltou:

— *A Mocidade Legionária é um celeiro inesgotável de valores.*

NÃO SE APOSENTE DA VIDA

Por ocasião do Dia dos Avós, que se comemora em 26 de julho, recordei-me de minha saudosa avó **Laura** (1888-1986). Viveu nesta encarnação 98 anos, lúcida, ativa e juvenil. Veio a falecer — vejam vocês o dinamismo dela — alguns dias depois de voltar da feira, por causa de um acidente quando retornava para casa. Com sua sabedoria, adquirida nos longos embates da vida, ensinava:

— *Aos que chegam, na sua existência, ao fundo do poço, só resta levantar a cabeça e começar a subir.*

Sábias palavras. Por sinal, em palestra sobre o que é ser jovem, transmitida pela Super Rede Boa Vontade de Comunicação[32] (rádio, TV e internet), destaquei esta máxima de **Samuel Ullman** (1840-1924), a qual muito aprecio:

[32] **Super Rede Boa Vontade de Comunicação** — Formada pela Boa Vontade TV, pela Super Rede Boa Vontade de Rádio, pelo portal BoaVontade.com, pelo *blog* Paiva Netto, pelo *site* ReligiaodeDeus.org, pelo aplicativo Boa Vontade *Play* e pelas revistas BOA VONTADE e JESUS ESTÁ CHEGANDO! Para outras informações, acesse www.boavontade.com ou consulte a última página desta obra.

— A juventude não é um tempo de vida, é um estado de espírito.

Por isso, ao ouvir o incentivo que damos ao Jovem Ecumênico de Boa Vontade, a vovó e o vovô não devem sentir-se excluídos das nossas atividades. Eu mesmo, com muito gosto, já tenho quase 80 anos. Há décadas venho dizendo: **aposentar-se do trabalho não significa aposentar-se da vida**. Ela continua pela Eternidade. Portanto, é um erro descartar grandes valores porque estão "em idade avançada". Descobertas importantíssimas foram feitas por homens e mulheres quando ultrapassavam os 60, 70 ou 80 anos. É preciso, pois — não me canso de proclamar —, **aliar ao patrimônio da experiência dos mais velhos a energia dadivosa dos mais moços**.

Jovens, jamais se esqueçam de que amanhã vocês envelhecerão também... **Se quiserem manter a chama da Esperança**, a mesma feição juvenil, o vigor, apesar das naturais rugas do tempo e dos sempre belos cabelos brancos, **pratiquem o Bem**. Não há outro caminho. É o Espírito que fortalece o nosso ânimo, que nos concede a beleza eterna da simpatia. **Não existe melhor cosmético do que a consciência tranquila.**

IDEALISMO COM EXPERIÊNCIA

Sempre procurei respeitar e absorver o patrimônio da experiência dos mais velhos. Por isso, também aconselho os moços a — sem perder o espírito renovador de seu tempo — não desprezarem o esforço dos precedentes. Sem eles, não teríamos, apesar dos percalços, chegado a singular ponto de modernidade, por vezes desequilibrada, em nosso orbe (veja a poluição que enferma multidões desatentas). Contudo, façamos a enriquecedora parceria entre pessoas de todas as idades para o Bem, **sem esquecer que a existência e a ação do Mundo Espiritual são insofismáveis**. E ainda: **que a sintonia perfeita com as Esferas Celestes é essencial, ocorrendo por meio da prece iluminada pelo Amor Fraterno** — porque *"Deus é Amor"* (Primeira Epístola de João, 4:8), jamais ódio — e de atos dignos correspondentes a essa ligação com os nossos Anjos da Guarda. Sem tamanha medida, esse progresso constante, que passa de geração em geração, será limitado e cheio de custosos dramas, oriundos das frustrações que o desenvolvimento unicamente firmado na matéria provoca.

É urgente, por fim, compreendermos que, antes de tudo, somos Espírito. Razão pela qual a afirmativa de Jesus, a seguir apresentada, não é poesia vã, mas uma realidade que devemos, para o bem pessoal e coletivo, fixar como permanente chama de nossa trajetória:

> — *Eu sou a árvore, vós sois os ramos. (...) Sem mim, nada podereis fazer* (Evangelho, segundo João, 15:5).

Dirigimo-nos mais uma vez àqueles que já ingressaram na Terceira Idade e fraternalmente reiteramos que **jamais se aposentem da vida**. Pelo contrário, **sejam idosos de visão avançada**, prenhes de sabedoria e **com uma disposição idealística de causar boa inveja a um rapaz ou a uma moça** repletos de saúde e denodo.

O INIMIGO A SER VENCIDO

Jesus venceu a morte. Ela é o grande equívoco a ser eliminado das mentes humanas.

SOPRO DE VIDA

Enquanto houver um sopro de vida, de alguma maneira poderemos ser úteis. **Façamos continuamente o Bem.**

A MORTE NÃO É O FIM

Não há maior ilusão do que pensarmos que a morte determina o fim da Vida. E derrotar esse engodo nos motiva a olhar adiante, vivendo na Terra ou no Céu da Terra com **foco na felicidade espiritual**!

FELICIDADE ETERNA

A fidelidade a uma Causa Divina é o roteiro certo que norteia a **plena realização espiritual**, portanto, a felicidade eterna.

A HUMILDADE CRÍSTICA

Não nos devemos vangloriar dos nossos feitos, porquanto a arrogância nos arrasta para o abismo. **A humildade corajosa**, aquela que sobrevive aos acicates da dor, **revela os valores eternos do ser humano**.

Em Sua Boa Nova, segundo Lucas, 17:10, Jesus aconselha:

— *Quando fizerdes tudo o que vos for mandado, dizei:* ***Somos servos inúteis****; fizemos apenas aquilo que é de nossa obrigação.*

Numa de minhas próximas publicações, trarei, de maneira ainda mais ampliada, os seguintes comentários que fiz durante a série radiofônica "O Apocalipse de Jesus para os Simples de Coração":

Essa passagem do Santo Evangelho de Jesus, segundo Lucas, 17:10, demonstra, na verdade, que humildemente temos de cumprir a incumbência assumida perante o Pai Celeste. **Este é o verdadeiro galardão**: agirmos conforme se esperava de nós, de acordo com o programado em nossa Agenda Espiritual. **Não há aplausos neste mundo que alcancem maior ressonância em nossas Almas do que a consciência espiritual tranquila pelo dever bem realizado.** E essa postura em nada se compara com fraqueza ou ingenuidade. Já disse e reitero: **a humildade é**, acima de tudo, **corajosa**, e não pode jamais ser comparada com submissão (quando covarde), que, por sua vez, é justamente o oposto dos exemplos de destemor deixados por Jesus.

Lembremo-nos sempre das sábias palavras do padre **Antônio Vieira** (Espírito), estudadas nestas pregações e belamente apresentadas no rádio pelo saudoso Irmão Alziro Zarur. Para o deleite de vocês, transcrevo trechos da imorredoura página do inspirado vate português:

A HUMILDADE

Nada há tão grande quanto a humildade. *A humildade vence todas as tiranias, destrói todas as dificuldades. A humildade é irmã gêmea da persistência, filha dileta da força.*

Quantos humildes tens visto cair?

Nenhum.

E quantos engrandecidos tens visto precipitados do pedestal onde, orgulhosos, se supunham eternos?

Nem eu sei.

Humilde nasceu Jesus; humilde viveu e humilde passou no mundo. E não há maior grandeza do que essa humildade. *De todos os grandes da Terra, em todos os séculos dos séculos, nenhum se Lhe compara.*

E dentre esses grandes ainda são relativamente grandes só os que foram humildes e Lhe seguiram o exemplo.

Só os que na humilhação encontraram grandeza, como ***só em Jesus encontraram humildade****.*

O Filho dileto de Deus podia ser o maior da Terra [socialmente falando], *visto que Ele era o representante, o escolhido, o eleito do Senhor do Universo. Podia, mas não foi. Podia, mas não quis ser. Não quis ser porque não devia. (...)*

Quis ser humilde entre os humildes; simples entre os simples. (...)

(Os destaques são meus.)

Quando Deus reconhece humildade no Espírito, revela-lhe os Seus maiores segredos. Perante nossa dedicação sincera, o Pai Celestial jamais nos abandonará, pois o Cristo, que não profere palavras vãs, proclama no Evangelho, segundo Mateus, 6:33, e Lucas, 12:31, a Sua Lei Econômica, que decididamente ampara, espiritual e materialmente, os servidores da Seara Divina:

— *Buscai primeiramente o Reino de Deus e Sua Justiça, e todas as coisas materiais vos serão acrescentadas.*

Aliás, Zarur definia essa passagem bíblica como *"A Fórmula Urgentíssima de Jesus"*, que considero ser a Lei Econômica Urgentíssima do Supremo Comandante da Terra, **o principal pilar da Economia da Solidariedade Espiritual e Humana**, que há décadas pregamos. **A Fórmula do Cristo é valiosíssimo preceito que impulsiona e ilumina os Estatutos Superiores da Esperança e da Paz, que só podem vicejar onde imperam a Verdade e o Amor, a Humildade e o Bem.**

SEGREDO DA VITÓRIA

Se você quer se tornar vitoriosa ou vitorioso, além de reconhecer a sua fragilidade e superá-la, é imprescindível **ancorar verdadeiramente o seu coração em Deus**. Para tanto, a prece sincera e contrita é o instrumento ideal.

ESTRATÉGIA DIVINA

Ensina a sabedoria e devemos aprender: **Na batalha, esforço; na vitória, benignidade.**

Conforme assinalei em *Sociologia do Universo*[33], para muitos, mais difícil que aceitar a derrota é saber administrar a vitória. **Requer humildade e bom senso.**

[33] Uma das próximas obras literárias de Paiva Netto.

ENCONTRAR A LUZ

O indivíduo que não encontra a Divina Luz para a sua própria luz conserva-se na região da sombra, à margem da realidade, que vai muito além do que considera como o efetivamente concreto neste mundo. O Celeste Professor, em Seu Santo Evangelho, consoante Lucas, 11:34 a 36, a todos endereça preciosa admoestação:

> 34 *São os teus olhos a lâmpada do teu corpo.* ***Se os teus olhos forem bons, todo o teu corpo será luminoso****; mas, se forem maus, o teu corpo ficará em trevas.*
>
> 35 *Cuida, pois, que a luz que há em ti não sejam trevas.*
>
> 36 *Se, portanto, todo o teu corpo for luminoso, sem ter qualquer parte em trevas, será todo resplandecente como a candeia quando te ilumina em plena luz.*

LIBERDADE E CATIVEIRO

É preciso iluminar o interior do ser humano, isto é, o seu Espírito, onde se origina a sua liberdade ou o seu cativeiro.

FRATERNIDADE, ÉTICA E JUSTIÇA

Fraternidade é a Lei. Ética, a sua disciplina. Justiça, a sua aplicação. Ninguém é mais infeliz do que o indigente da Fé e da Caridade.

SOLDADO DA PAZ

O Soldado da Paz do Cristo Ecumênico, o Divino Estadista, não se deixa vencer. **Com o Novo Mandamento de Jesus, ele vence!**

Instruiu o Sublime Mestre:

> — *Amai-vos como Eu vos amei. Somente assim podereis ser reconhecidos como meus discípulos, se tiverdes o mesmo Amor uns pelos outros* (Evangelho, segundo João, 13:34 e 35).

Contudo, como alertei no terceiro volume de *O Brasil e o Apocalipse* (1996), para que haja segurança jurídico-espiritual, até a Suprema Lei do Cristo terá de ser vivida à luz dela mesma: *"amai-vos"*, *"amai-vos"* e mais *"amai-vos"*! **Essa é a segurança planetária do Amor sem fronteiras, o sacrossanto respeito aos Estatutos Celestes.** Não pode haver outra interpretação senão a do próprio Jesus: *"amai-vos"*, *"amai-vos"* e, outra vez, *"amai-vos"* ainda mais!

Lembramos novamente o saudoso Legionário da Boa Vontade de Deus e notável poeta maranhense Mario da Cruz, que concluiu:

— *O Novo Mandamento de Jesus é a Revolução da Paz.*

A VIDA É ETERNA

Enquanto houver vida, haverá saída. E a Vida é eterna.

INSPIRAÇÃO DOS CÉUS

Aspirações nobres pressupõem supinas responsabilidades, que só podem ser levadas a bom termo quando a inteligência do Plano Espiritual permear as decisões humanas, não somente na Religião, mas na Política, na Ciência, na Filosofia, na Arte, no Esporte, enfim, em todos os aspectos humanos e sociais, porque nenhum deles pode prescindir da inspiração do Alto.

DESCANSO PARA A ALMA

Quem procura permanecer na Divina Sintonia do Cristo Ecumênico, o Político Excelso, sempre há de acolher as **vibrações de felicidade que descem do misericordioso Coração Dele**. Quando fatigados, mesmo estando na vida terrena, encontramos, no Seu Colo Celeste, descanso para a nossa Alma.

RESPEITAR A VIDA

A morte é bela, quando se respeita a Vida. E tal assertiva reconhece que não há motivo que justifique o triste ato de pôr fim à existência, antes do prazo previsto em nossas Agendas Espirituais. Por isso, aos que erroneamente vislumbram no suicídio o alívio para suas dores, aproveito o ensejo para esclarecer: o suicida mata-se à procura da paz; todavia, depara-se com o maior dos tormentos, algo muito diferente do suposto Nada, que, por sua vez, não existe. **A trajetória espiritual-humana não cessa, e nela se colhe o que se houver plantado.** Admoestou Jesus, em Seu Apocalipse, 2:23:

> — *(...) Eu sou Aquele que sonda rins e corações, e retribuirei a cada um segundo as suas obras.*

Insisto que o grande segredo da Vida é, **amando a Vida**, saber preparar-se para a morte, ou Vida Eterna, na hora certa, determinada por Deus. Com sabedoria, o saudoso Irmão Alziro Zarur alertava:

> — ***O suicídio não resolve as angústias de ninguém.***

Essa máxima sintetiza uma crucial verdade, que já impediu, graças a Deus, incontáveis tragédias, na Terra e no Espaço, provocadas pelo enganoso crime de atentar contra si mesma ou si mesmo. Portanto, quando o sofrimento bater à porta, essa nunca será uma solução. Nos momentos mais pungentes, **apelemos para Jesus**, que jamais se mantém afastado de nós, pois foi Ele Quem prometeu:

— *Não vos deixarei órfãos; voltarei para junto de vós* (Evangelho, segundo João, 14:18).

Quando vier um pensamento de desânimo ou você se sentir abandonada ou abandonado, nesse mesmo instante é quando maior amparo estará recebendo dos Céus, **basta que entre na luminosa faixa vibratória do Cristo**.

Reflexão de minha autoria em *Como Vencer o Sofrimento* (1990):

Honremos o extraordinário dom que Deus nos concedeu, que é a Vida, e Ele sempre virá em nosso socorro pelos mais inimagináveis e eficientes processos. Substancial é que saibamos humildemente entender os Seus recados e os apliquemos com a Boa Vontade e a eficácia que Ele espera de nós. **A permanente sintonia com o Poder Divino só nos pode capacitar o Espírito**, para que tenha condições de sobreviver à dor, mesmo que em plena conflagração dos destemperos humanos.

Jesus curando os doentes | Gustave Doré (1832-1883) | Coleção de livros Sagradas Escrituras, Antigo e Novo Testamentos, Stuttgart, Alemanha

NUNCA NOS FALTASTES, JESUS!

Ao caminhar para o encerramento de mais uma obra, que consagro a Jesus, o Divino Pastor de nossas vidas, apresento a todos vocês, queridíssimas Irmãs leitoras, prezadíssimos Irmãos leitores, circular que escrevi na década de 1980, dirigida aos laboriosos Cristãos do Novo Mandamento. Almejo, sinceramente, que suas Almas sejam despertadas para o significado de que **servir a Jesus não é sacrifício**. **É privilégio!**

São Paulo, capital bandeirante,
23 de março de 1988 (quarta-feira)

Aos meus Irmãos Legionários da Boa Vontade de Deus, do Brasil e do mundo:

Deus Está Presente!

São 4 e 51 da manhã. Hora de descansar. Hora de descansar. **Quem tem juízo não se recolhe sem fa-**

zer a sua oração. Pelo menos a do *Pai-Nosso*, ensinada pelo próprio Cristo. Elevei o meu pensamento ao Mestre dos mestres:

Ó Jesus! Mais uma jornada de trabalho. Os pés sangram nas estradas de tantas vidas no Vosso serviço. Grande parte do caminho está trilhado sob o Vosso Divino Comando, posto que vim para a Legião da Boa Vontade aos 15 anos de idade. Dia e noite já se confundem, e a Seara não tem fim. Até os carros recebem o combustível dos homens que os usam (...). Não ando atrás de conforto humano, pois só Vós, Jesus, tendes aquele tônus que não negais ao mais inexpressivo dos miseráveis da Terra. Nada mais Vos peço do que isso. E não para mim apenas, mas também para todos os meus Irmãos em Humanidade.

Meu maior desejo é honrar, até o último dos meus dias, o sublime compromisso assumido no Vosso Reino Celeste. Só Vós tendes, Jesus — e em suprema abundância —, o alimento do nosso Espírito, o Líquido Divino para nossa sede; a Palavra Eterna que ilumina o nosso cérebro; o bálsamo da Vossa Caridade para o nosso coração, que se fertiliza com as lágrimas invisíveis diante da dor do mundo vertidas. **Nunca nos faltastes, Jesus!** Por isso, jamais baqueamos nem baquearemos.

Senhor, continuais abençoando o nosso labor? Permanecemos a merecer a Vossa Insubstituível Bênção? Sei que, no silêncio de mais esta madrugada a pastorear Vossas ovelhas, falareis de modo insofismável à minha pequena, mas a Vós eternamente fiel, compreensão.

Levantei-me, peguei um dos livros da biblioteca e, confiante na presença do Divino Senhor da LBV e da Religião de Deus, do Cristo e do Espírito Santo, abri um exemplar de *Parnaso de Além-Túmulo*. Li em voz alta os oportuníssimos versos do poeta mineiro **Augusto de Lima** (1859-1934), que humildemente ofereço à meditação de todos:

O DOCE MISSIONÁRIO

Augusto de Lima

Sertão hostil. Agreste serrania.
Tendo por companhia
A cruz do Nazareno, humilde e solitário,
Ali vivia Anchieta, o doce missionário,
Carinhoso pastor, espelho de bondade,
Abençoando o bem, perdoando a maldade,
Servo amado de Deus, imitador de Assis,
Que na humildade achara a vida mais feliz.

Naquele dia,
Era intenso o calor.
Ninguém! Nem uma sombra se movia,
Tudo era languidez, desânimo e torpor.

Além se divisava a solidão da estrada,
Amarela de pó, tristonha e desolada.
Na clareira, onde o Sol feria os vegetais,
Viam-se florescer bromélias e boninas,
E, elevando-se aos céus, esguios espinhais
Implorando piedade às amplidões divinas...

Eis que o irmão de Jesus, o humilde pegureiro,
Avista um mensageiro.
Dirige-se-lhe a casa,
Pisando vagaroso o chão que o Sol abrasa.

— "Meu protetor — diz ele —, o bom pajé,
Convertido por vós à luz da vossa fé,
Que tem oferecido a Deus o seu amor,
Agoniza na taba, ao longe, em aflição.
Ele espera de vós a paz do coração
E implora lhe leveis a bênção do Senhor."

— "Oh! doce filho meu, que vindes de passagem,
Que Jesus vos ampare, ao termo da viagem..."

E isso dizendo, o pastor prestamente
Toma da humilde cruz do Mártir do Calvário,
Abandonando o ninho agreste e solitário,
Para arrancar à dor o pobre penitente.

Há solidão na estrada,
Ferem-lhe os pés as pontas dos espinhos.
Que penosa jornada,
Em tão rudes e aspérrimos caminhos!...

Pairam no ar excessos de calor,
Nem árvores umbrosas e nem fontes,
Somente o Sol ferino e destruidor,
Que calcina, inflamando os horizontes.

Eis que a sede o devora;
Entretanto, o pastor não se deplora;
A terna e meiga efígie de Jesus
É-lhe paz e alimento, amparo e luz.

Numa férvida prece,
Ele ainda agradece:

— "Sê bendito, Senhor, por tudo o que nos dás,
Seja alegria ou dor, tudo é ventura e paz.
Eu vejo-te no alvor das manhãs harmoniosas,
No azulíneo do céu, no cálice das rosas,
Na corola de luz de todas as florinhas,
No canto, todo amor, das meigas avezinhas,
Na estação outonal, na loura Primavera,
No coração do bom, que te ama e te venera,
Na vibração dos sons, na irradiação da luz,
Na dor, no sofrimento, em nossa própria cruz...
Tudo vive a mostrar tua pródiga bondade,
Eterno Pai de amor, de luz e caridade.
Abençoados são o Inverno que traz frio
E os calores do Sol nas estações do estio..."

Terminando a sorrir a espontânea oração,
Inspirada em tão santa devoção,
Anchieta escuta em torno os mais sutis rumores.
Eis que nos arredores
Congregam-se apressadas
Todas as avezinhas,
E, asas aconchegadas,
Juntinhas,
Numa ideal combinação
Formam um pálio protetor,

Cobrindo o doce irmão
Que ia ofertar amor,
Luz e consolação,
Em nome do Senhor.

Pelos caminhos,
Foi-se aumentando
O alado bando
Dos bondosos e ternos passarinhos,
Aureolando com amor o Discípulo Amado,
Modesto, casto, humilde e isento de pecado,
Que ia seguindo,
Lábios sorrindo,
Em meiga mansuetude.

O enviado do Bem e da Virtude
Agradecia ao Céu, o coração em luz,
Evolando-se puro ao seio de Jesus.

Chegara ao seu destino. Ia caindo o dia...
No poente de paz e de harmonia,
Brilhava nova luz, feita de crença e amor:
Era a bênção dos Céus, a bênção do Senhor...

A PRIMEIRA CARIDADE

Luto por merecer a Caridade de Deus. Fortalecido, pois, nela, me regozijo cheio da Esperança Divinal e na certeza da continuação dessa tarefa. Porquanto, em todos os momentos procuro guardar em minha Alma a Primeira Caridade[34] — aquele ímpeto que, magicamente, nos impulsiona quando descobrimos o Bom Ideal de nossa vida: Jesus, o alento dos sofredores, a medicina preventiva de que o mundo tanto carece.

Lavo-lhes e respeitosamente beijo-lhes os pés, da mesma forma exemplificada por Ele. E assim devem agir os Cristãos do Novo Mandamento, Amigos de Jesus, visto que já aprenderam a não confundir covardia com humildade.

O Irmão Zarur ensinava que

> — ***a LBV é um compromisso que não cessa nem com a morte.***

Avante, pois, Guerreiros do Cristo! Construtores corajosos da Paz de Deus entre os seres humanos na Terra!

---

34 **A Primeira Caridade** — Carta de Jesus à Igreja em Éfeso (Apocalipse, 2:4).

Jesus nos aguarda, lá adiante!
Avante!

Viva Jesus!

José de Paiva Netto
Servidor dos Amigos de Deus

Cristo no Getsêmani | 1890 | Heinrich Hofmann (1824-1911) | Óleo sobre tela | Igreja de Riverside, Nova York, EUA

Vamos Falar com Deus!

O PODER EXTRAORDINÁRIO DE JESUS E A ESPERANÇA DIVINA

Minhas Irmãs e meus Amigos, minhas Amigas e meus Irmãos, o Evangelho-Apocalipse de Jesus é a luminosa porta de entrada para uma existência repleta de Paz, Fraternidade, Generosidade, Compaixão, Entendimento. Sua Bendita Mensagem de Fé Realizante e de Esperança nos fortalece o ânimo, impulsionando nossa Alma para que suplante os embates deste orbe ainda cruel e desumano, onde a dor, a fome, o desalento, a tristeza, o egoísmo, a violência, a mentira e a guerra campeiam ferozes.

Contudo, sob os encômios do anúncio angélico aos pastores do campo, quando o Ungido do Pai Celestial desceu a este mundo — *"Glória a Deus nas Alturas, e*

Paz na Terra aos de Boa Vontade" (Evangelho, segundo Lucas, 2:14) —, saúdo a todos na Terra e no Céu da Terra, porquanto sabemos que, no Plano Espiritual, igualmente existem continentes, civilizações, famílias, dificuldades, soluções...

Hermes Trismegisto, legislador e filósofo egípcio que se supõe ter vivido dois mil anos antes do Cristo, já intuía esse fato:

> — *O que está embaixo é como o que está em cima, e o que está em cima é como o que está embaixo.*

Mas esse *"em cima"* possui várias gradações, elevadas ou de inferior aspecto. Nas Regiões Sublimes — o paraíso mencionado na Bíblia (Boa Nova, consoante Lucas, 23:43), assim como nos livros sagrados das diversas culturas terrenas —, há paragens magníficas, em que o Amor e a Justiça de Deus reinam perpetuamente.

Aliás, quando o Amigo e Irmão Flexa Dourada (Espírito) afirma que

> — *os problemas estão embaixo; a solução, no Alto*,

ele está se referindo justamente a essas Altas Esferas Espirituais, sede do Governo Invisível do Estadista Celeste, o Cristo Ecumênico.

E, para trazer o caráter divino da Vida ao planeta em que habitamos fisicamente, Jesus nasceu entre nós, o Pão Vivo que provém dos Soberanos Domínios. Ele afiança, em Seu Evangelho, segundo João, 6:35 e 51:

> 35 ***Eu sou o Pão da Vida.*** *Quem vem a mim de modo algum terá fome; e quem em mim crê jamais terá sede.*
> 51 ***Eu sou o Pão Vivo que desceu do Céu.*** *Se alguém dele comer, viverá eternamente; e o Pão que Eu darei para a vida do mundo é a minha própria carne* [minha Doutrina].

Ora, todos, religiosos ou não, no íntimo intuem essa verdade acerca do prosseguimento da Vida nos Planos Espirituais. Por isso, a nós nunca causou espanto a sobrevivência das religiões no mundo, porque, **crente ou ateu, o ser humano nasce com espírito de Religiosidade**, em virtude de sua natureza imortal.

JESUS, A DIVINA ESPERANÇA, DESCEU AOS AFLITOS

Abasteçamos, pois, nossa Alma na **Fonte do Conhecimento e da Fartura Espirituais**, contidos no Santo Evangelho, e revistamo-nos da **esplendorosa vibração do Nascimento de Jesus**, quando **a Esperança desceu à Terra**. Em oração, contritos, roguemos aos Céus pelo Retorno Glorioso do Sábio dos Milênios, conforme Sua Promessa:

> — *Quando o Filho de Deus voltar sobre as nuvens com Seus Santos Anjos, dará a cada um de acordo com as próprias obras de cada um.*
>
> Jesus (Mateus, 16:27)

Ao percorrermos a narrativa de Seu magnífico Nascimento, só a leitura das passagens bíblicas já nos emociona. Afinal, trata-se do Verbo de Deus habitando entre nós. A permanência Dele prossegue em Suas Palavras e em Seus Exemplos, que encontram guarida em todos aqueles que testemunham o Divino Pastor por meio de ações inspiradas Nele.

INSTRUÇÕES DE UM ANJO A JOSÉ
(Evangelho, segundo Mateus, 1:18 a 25)

18 *Ora, o Nascimento de Jesus Cristo foi assim: estando* ***Maria****, Sua Mãe, desposada com* ***José****, sem que tivessem antes coabitado, achou-se grávida pelo Espírito Santo.*
19 *Mas José, seu esposo, sendo homem justo e não querendo difamá-la, resolveu deixá-la secretamente.*
20 *Enquanto ponderava nestas coisas, eis que lhe apareceu em sonho um Anjo do Senhor, dizendo:*

José, filho de ***Davi****, não temas receber Maria por*
esposa, pois o que nela foi gerado foi feito segundo o
Espírito Santo.
21 *Ela dará à luz um filho e Lhe darás o nome de*
Jesus [isto é, o Salvador], *porque Ele próprio redi-*
mirá o Seu povo dos pecados.
22 *Ora, tudo isso aconteceu para que se cumprisse*
o que fora anunciado pelo Senhor por intermédio
do Profeta:
23 *Eis que uma virgem conceberá e dará à luz um*
filho, e Ele será chamado pelo nome de Emanuel,
que significa: Deus conosco.
24 *Despertado José do sono, fez como lhe ordenara*
o Anjo do Senhor e recebeu sua mulher.
25 *Contudo, não a conheceu até o dia em que deu*
à luz um filho, a quem pôs o nome de Jesus.

O NASCIMENTO DE JESUS E O CÂNTICO DOS ANJOS

(Evangelho, segundo Lucas, 2:1 a 14)

1 *Naqueles dias, apareceu um decreto de* ***César***
Augusto*, ordenando o recenseamento de todo o*
mundo habitado.
2 *Esse recenseamento foi o primeiro, enquanto*
Quirínio *era governador da Síria.*
3 *E todos iam se alistar, cada um na sua própria*
cidade.

4 *Também José subiu da cidade de Nazaré,*
na Galileia, para a Judeia, na cidade de Davi,
chamada Belém, por ser da casa e da família de
Davi,
5 *para se inscrever com Maria, sua mulher, que*
estava grávida.
6 *Enquanto lá se encontravam, completaram-se os*
dias para o parto,
7 *e Maria deu à luz o seu filho primogênito, envol-*
veu-O com faixas e reclinou-O numa manjedoura,
porque não havia um lugar para eles na casa.

OS ANJOS E OS PASTORES

8 *Na mesma região, havia uns pastores que esta-*
vam nos campos e que, durante as vigílias da noite,
montavam guarda a seu rebanho.
9 *Um Anjo do Senhor apareceu-lhes, e a glória de*
Deus envolveu-os de Luz; e ficaram tomados de grande
temor.
10 *O Anjo, porém, disse-lhes: Não temais! Eis que*
vos anuncio uma grande alegria, que será para todo
o povo:
11 *Nasceu-vos hoje um Salvador, que é o Cristo de*
Deus, na cidade de Davi.
12 *E isto vos servirá de sinal: encontrareis um re-*
cém-nascido, envolto em faixas, deitado numa man-
jedoura.

[13] *E, de repente, juntou-se ao Anjo uma multidão das Hostes Celestiais, a louvar a Deus, dizendo:*

[14] *Glória a Deus nas Alturas, e Paz na Terra aos de Boa Vontade.*

JESUS É ESCOLA VIVA DE LIBERTAÇÃO

Jesus é uma Escola Viva de Libertação para os habitantes da Terra e do Céu da Terra. Com o pensamento firmado Nele, a Sabedoria das Estrelas fartamente descerá sobre todos nós. Ele, reitero, é **a certeza que não frustra**. Por isso mesmo, **o Evangelho-Apocalipse de Nosso Senhor Jesus Cristo é uma eternidade de conhecimento**. Ele é o Jardineiro Fidelíssimo. E nós somos — quando nos permitimos ser iluminados pela Verdade que Ele trouxe, a fim de nos redimir — frutos, flores de Seu jardim magnífico. **O Cristo é o Divino Encantamento de nossa Alma.**

Por que Jesus habitou entre os seres humanos? Justamente para nos salvar e nos libertar o Espírito, pelo Seu Infinito Poder.

Nas horas de tristeza, abram e leiam o Santo Evangelho-Apocalipse do Mestre Amado. Sintam o Poder Extraordinário de Jesus e verão que sua Alma se tornará mais forte e muito feliz.

A GRAÇA, A MISERICÓRDIA E A VERDADE

Sejamos nós o luzeiro a propagar o Bendito Esplendor das Escrituras Sagradas, como faz a Religião de Deus, do Cristo e do Espírito Santo.

Apenas semeando, cultivando e vivenciando esses nobres princípios, teremos a garantia de um planeta verdadeiramente renovado. O que de mais importante poderíamos desejar a todos os queridos ouvintes, telespectadores, internautas, leitores do que anunciar ao mundo o Mandamento Novo de Amor incondicional do Cristo? O Educador dos educadores foi didático:

> — *Amai-vos como Eu vos amei. Somente assim podereis ser reconhecidos como meus discípulos* (Evangelho, consoante João, 13:34 e 35).

Em sua versão da Boa Nova de Jesus, 1:17, o Discípulo Amado, João Evangelista, assegura que

> — *A lei foi dada por Moisés; mas a Graça e a Verdade vieram por Jesus Cristo.*

Portanto, a Graça, a Misericórdia e a Verdade vieram por intermédio Dele, que se permitiu imolar na cruz por Amor a todos nós.

— *Não há maior Amor do que doar a própria vida pelos seus amigos* (Evangelho, segundo João, 15:13).

E Ele, Jesus, a entregou até mesmo pelos Seus desavisados adversários.

Por isso, vamos orar com o pensamento firmado no Supremo Governante deste planeta, a Quem servimos, porquanto, como testificou o Anjo à Mãe do Divino Salvador, Maria:

— *Para Deus não há impossíveis e prevalecem todas as Suas promessas* (Evangelho, conforme o relato de Lucas, 1:37).

PREPARAÇÃO PARA A PRECE

Sursum corda! Sursum corda! (Elevai os corações! Elevai os corações!)

Que possamos ser dignos do prêmio da perseverança em Jesus!

PAI-NOSSO

(A Oração Ecumênica do Cristo, transcrita em Seu Santo Evangelho, segundo Mateus, 6:9 a 13.)

Pai Nosso, que estais no Céu, santificado seja o Vosso Nome.

Venha a nós o Vosso Reino.

Seja feita a Vossa Vontade, assim na Terra como no Céu.

O pão nosso de cada dia dai-nos hoje.

Perdoai as nossas ofensas, assim como nós perdoarmos aos nossos ofensores.

Não nos deixeis cair em tentação, mas livrai-nos do mal, porque Vosso é o Reino, e o Poder, e a Glória para sempre.

Amém!

NATAL PERMANENTE DE JESUS E ANO-NOVO DE RENOVAÇÃO ESPIRITUAL!

Ó Jesus, Médico de todos os médicos, cuja Misericórdia nos sustenta! Alicerçados no lema da Tua Religião Divina, que luta *"por um Brasil melhor e por uma humanidade mais feliz"*, pregamos e celebramos aqui o Teu Natal Permanente e, por consequência, o Teu Ano-Novo de Renovação Espiritual!

Resolvessem os governos do mundo todos os problemas sociais de seus povos, estes continuariam insatisfeitos, visto que há uma carência além da necessidade unicamente física: é **a urgência do Alimento para o Espírito**. Por esse motivo, o saudoso proclamador da Religião do Amor Universal, Alziro Zarur, preconizou a Caridade Completa, ou seja, a Caridade Material iluminada pela Espiritual. Mas ainda há muito que ensinar sobre o significado da Caridade autêntica, aquela descrita pelo Apóstolo Paulo como a maior das três virtudes teologais — Fé, Esperança e **Caridade** (Primeira Epístola aos Coríntios, 13:13) —, porque Caridade quer dizer Amor, e *"Deus é Amor"* (Primeira Epístola de João, 4:8).

Ninguém pode ser religioso, ó Cristo de Deus, sem amar; político sem respeitar, de fato, os cidadãos; cientista se não assimilar a razão primeira da sua Ciência, que é a melhoria das condições dos seus semelhantes. E assim na Filosofia, na Arte, no Esporte, na Economia — que considero a mais espiritual de todas as ciências ou arte, porquanto em suas mãos se encontra a correta partilha dos meios de sobrevivência da criatura terrena.

Ressalto, entretanto, que, ao discorrermos sobre essa subsistência, ó Jesus, almejamos que todos compreendam quão inadiável é o reconhecimento de nossa natureza espiritual. **Estamos corpo, mas somos eternamente Espírito.**

Como escrevi em *Os mortos não morrem* (2018), nossa essência é imortal, porque *"Deus é Espírito"*, consoante Tu mesmo revelaste, Jesus, à mulher samaritana, no poço de Jacó:

> — *Deus é Espírito; e importa que os Seus adoradores O adorem em Espírito e Verdade* (Evangelho, segundo João, 4:24).

O DOM DA CARIDADE AUTÊNTICA

A Caridade é a estratégia que Deus oferece, por exemplo, aos intelectuais do mundo e aos mais diferentes campos do saber, a fim de que a sua racionalidade não seja somente fosfórica. Pelo contrário, que sirva para abrir caminhos ao futuro da humanidade. Foi o que registrei em *Tesouros da Alma* (2017): **quando a razão se une ao coração (sentimento), as soluções fraternas fornecem à vida a tão sonhada felicidade, que só pode ser verdadeira quando há alimento, espiritual e material, no prato de todos**.

Ó Senhor, ilumina aqueles que infatigavelmente colaboram para as Casas de Deus na Terra, as Instituições da Boa Vontade, que são Tuas; nossos voluntários, contribuintes e benfeitores, que labutam pela Tua Causa. A todos eles, as Tuas Bênçãos, nesta esplendorosa ambiência do Teu Amor Paternal, ó Cristo de Deus.

Graças, Senhor! Dá-nos a Divina Paz, que prometeste àqueles que vivem o Teu Novo Mandamento:

> — *Minha Paz vos deixo, minha Paz vos dou. Eu não vos dou a paz do mundo. Eu vos dou a Paz de Deus, que o mundo não vos pode dar. Não se turbe o vosso coração nem se arreceie, porque Eu estarei convosco, todos os dias, até o fim do mundo!* (Evangelho, segundo João, 14:27; e Mateus, 28:20).

— *Glória a Deus nas Alturas, e Paz na Terra aos homens* [e às mulheres, aos jovens, às crianças, aos Espíritos, Almas Benditas] *da Boa Vontade de Deus!* (Evangelho, consoante Lucas, 2:14).

Exclamava o Irmão Zarur:

— *Em qualquer circunstância, pensem logo em Jesus!*

Quem confia em Jesus não perde o seu tempo, porque Ele é o Grande Amigo que não abandona amigo no meio do caminho.

Quanto mais perto de Jesus, mais longe dos problemas!

Servir a Jesus não é sacrifício. É privilégio!

Seguros estamos na Divina Segurança das seguras mãos de Jesus!

Deus Está Presente!

Viva Jesus em nossos corações para sempre!

PAI-NOSSO E BEM-AVENTURANÇAS

PAI-NOSSO

(A Oração Ecumênica de Jesus[1] que se encontra no Seu Santo Evangelho, segundo Mateus, 6:9 a 13.)

Pai Nosso, que estais no Céu
[e em toda parte ao mesmo tempo],
santificado seja o Vosso Nome.
Venha a nós o Vosso Reino [de Justiça e de Verdade].
Seja feita a Vossa Vontade [jamais a nossa vontade],
assim na Terra como no Céu.
O pão nosso de cada dia dai-nos hoje
[o pão transubstancial, a comida que não perece, o alimento para o Espírito, porque o pão para o corpo, iremos consegui-lo com o suor do nosso rosto].

[1] **Nota de Paiva Netto**
Todos podem rezar o *Pai-Nosso*. Ele não se encontra adstrito a crença alguma, por ser uma oração universal, consoante o abrangente espírito de Caridade do Cristo Ecumênico, o Divino Estadista. Qualquer pessoa, até mesmo ateia (por que não?!), pode proferir suas palavras sem sentir-se constrangida. É o filho que se dirige ao Pai, ou é o ser humano a dialogar com a sua elevada condição de criatura vivente. Trata-se da Prece Ecumênica por excelência.

Perdoai as nossas ofensas,
assim como nós perdoarmos aos nossos ofensores.
Não nos deixeis cair em tentação,
mas livrai-nos do mal,
porque Vosso é o Reino,
e o Poder, e a Glória para sempre.
Amém!

AS BEM-AVENTURANÇAS DO SERMÃO DA MONTANHA DE JESUS

(Santo Evangelho do Cristo, segundo Mateus, 5:1 a 12, da magnífica forma com que Alziro Zarur as proferia.)

Jesus, vendo a multidão, subiu ao monte e ensinava aos Seus discípulos, dizendo:

Bem-aventurados os humildes,
porque deles é o Reino do Céu.
Bem-aventurados os que choram,
porque eles serão consolados pelo próprio Deus.
Bem-aventurados os pacientes,
porque eles herdarão a Terra.
Bem-aventurados os que têm fome e sede de Justiça,
porque eles terão o amparo da Justiça Divina.
Bem-aventurados os misericordiosos,
porque eles alcançarão misericórdia.

Bem-aventurados os limpos de coração,
porque eles verão Deus face a face.
Bem-aventurados os pacificadores,
porque eles serão chamados filhos de Deus.
Bem-aventurados os que são perseguidos por causa da
Verdade, porque deles é o Reino do Céu.
Bem-aventurados sois vós, quando vos perseguem,
quando vos injuriam e, mentindo,
fazem todo o mal contra vós por minha causa.
Exultai e alegrai-vos,
porque é grande o vosso galardão no Céu.
Porque assim foram perseguidos os Profetas
que vieram antes de vós.

AS SETE BEM-AVENTURANÇAS DO APOCALIPSE DE JESUS[2]

Não somente o Evangelho de Jesus registra Bem-Aventuranças, como as do Sermão da Montanha. Os estudiosos do Apocalipse também as encontram em suas páginas iniciáticas e decifráveis aos que têm *"olhos de ver e ouvidos de ouvir"*.

Primeira

— *Bem-aventurados aqueles que leem e aqueles que ouvem as palavras da profecia deste Livro e guardam as coisas nele escritas, pois o Tempo está próximo* (1:3).

[2] **As Sete Bem-Aventuranças do Apocalipse de Jesus** — A íntegra do documento de Paiva Netto sobre esse tema pode ser lida em *As Profecias sem Mistério* (1998). Adquira pelo *site* www.PaivaNetto.com/livros ou ligue 0300 10 07 940.

Segunda

— *Então, ouvi uma voz do Céu, que me dizia: Escreve: Bem-aventurados os mortos que, desde agora, morrem no Senhor. Doravante, diz o Espírito, que descansem das suas fadigas, pois as suas obras os acompanham* (14:13).

Terceira

— *Eis que venho como vem o ladrão. Bem-aventurado aquele que vigia e guarda as suas vestiduras, para não andar nu, e não se veja a sua vergonha* (16:15).

Quarta

— *Então, me falou o Anjo: Escreve: Bem-aventurados aqueles que são chamados à ceia das bodas do Cordeiro. E acrescentou: São estas as verdadeiras palavras de Deus* (19:9).

Quinta

— *Bem-aventurados e santos aqueles que têm parte na primeira ressurreição. Sobre esses a segunda morte não tem autoridade; pelo contrário, serão sacerdotes de Deus e de Cristo Jesus, e reinarão com Ele os mil anos* (20:6).

Sexta

— *Eis que venho sem demora. Bem-aventurado aquele que guarda as palavras da profecia deste Livro* (22:7).

Sétima

— Bem-aventurados aqueles que lavam as suas vestiduras no sangue do Cordeiro de Deus, para que lhes assista o direito à Árvore da Vida Eterna, e para entrarem na cidade pelas portas (22:14).

BIBLIOGRAFIA

A Bíblia de Jerusalém. São Paulo: Paulus, 1995.

A Bíblia Sagrada. Tradução Padre Antônio Pereira de Figueiredo. Rio de Janeiro: Edição Barsa, 1964.

A Bíblia Sagrada. Tradução Centro Bíblico Católico. 60 ed. São Paulo: Ave Maria, 1988. Tradução dos originais mediante a versão dos Monges de Maredsous (Bélgica).

A Bíblia Sagrada: Antigo e Novo Testamento. Tradução para o português de João Ferreira de Almeida. Brasília: Sociedade Bíblica do Brasil, 1969.

A Bíblia Sagrada. Tradução dos textos originais, com notas, dirigida pelo Pontifício Instituto Bíblico de Roma. São Paulo: Paulinas, 1976.

A Bíblia Sagrada: Novo Testamento. Tradução Padre Matos Soares. Porto: Grandes Oficinas Gráficas da Sociedade de Papelaria, 1954. v. 4.

Antologia da Boa Vontade. Rio de Janeiro: Editora da Boa Vontade, 1955.

ARMBRESTER, Margaret England. **Samuel Ullman and "Youth":** the life, the legacy. Tuscaloosa, Alabama, USA: University of Alabama Press, 1993.

CONFUCIUS; LEGGE, James. **Confucian Analects, The Great Learning, and the Doctrine of the Mean.** New York: Dover Publications, 1971.

EINSTEIN, Albert. **Cosmic Religion and other opinions and aphorisms.** With an appreciation by George Bernard Shaw. New York: Covici-Friede, 1931.

FREITAS, Wantuil de. Mínimus. **Síntese de o Novo Testamento.** 4. ed. Rio de Janeiro: FEB, 1979.

GALEANA, Patricia (coord.); OPRIESSNIG, Christian; et al. **El impacto de la intervención francesa en México.** México: Siglo XXI, 2011.

ISRAEL, Fred L.; WATTS, Jim F. (eds.). **Presidential documents: the**

speeches, proclamations, and policies that have shaped the Nation from Washington to Clinton. New York — London: Routledge, 2000.

JEFFERSON, Thomas. **Memoirs, Correspondence, and Private Papers of Thomas Jefferson:** Late President of the United States. London: H. Colburn and R. Bentley, 1829. v.4.

KARDEC, Allan. **O Livro dos Espíritos.** 63. ed. Rio de Janeiro: FEB, 1985.

KRELL, Watteville. **Rayonnements de la vie spirituelle**: science et morale de la philosophie spirite: communications des esprits obtenues par Mme W. Krell. Bordeaux: Coméra, 1876.

LACERDA, Fernando de. **Do país da luz.** 8. ed. Rio de Janeiro: FEB, 2003. v.1.

LEIBNIZ; MORRIS, Mary. **Leibniz: philosophical writings.** London, Dent; New York, Dutton, 1965.

LÉVI, Éliphas. **Le Grand Arcane ou l'occultisme dévoilé.** Paris: Chamuel, 1898.

LUKACS, John. **O duelo: Churchill x Hitler**: 80 dias cruciais para a Segunda Guerra Mundial. Rio de Janeiro: Jorge Zahar Ed., 2002.

MARX, K; ENGELS, F. **Die heilige Familie oder Kritik der kritischen Kritik: gegen Bruno Bauer und Konsorten.** Berlin: Dietz Verlag, 1973.

MENEZES, Bezerra de. **Reflexões sobre Jesus e Suas Leis.** No prelo.

OVID [Publius Ovidus Naso]. **The Love Books of Ovid.** Translated by J. Lewis May. New York: Rarity Press, 1930.

PAIVA NETTO, José de. **As Profecias sem Mistério.** São Paulo: Elevação, 1998.

____________.**Como vencer o sofrimento.** São Paulo: Elevação, 1990.

____________. **Em pauta**: coletânea de artigos publicados em *O Sul*, no ano de 2007. São Paulo: Elevação, 2008.

____________. **É urgente reeducar!.** São Paulo: Elevação, 2010.

____________. **Jesus, a dor e a origem de Sua Autoridade**: o Poder do Cristo em nós. São Paulo: Elevação, 2014.

____________. **Jesus, o Libertador Divino.** São Paulo: Elevação, 2007.

____________. **Jesus, o Profeta Divino.** São Paulo: Elevação, 2011.

____________. **O Brasil e o Apocalipse.** Legião da Boa Vontade, 1996, v.3.

____________. **O Capital de Deus.** No prelo.

____________. **Os mortos não morrem.** São Paulo: Elevação, 2018.

____________. **Reflexões da Alma.** 54. ed. São Paulo: Elevação, 2003.

____________. **Reflexões e pensamentos — Dialética da Boa Vontade.** São Paulo: Elevação, 1987.

____________. **Sagradas Diretrizes espirituais da Religião de Deus, do Cristo e do Espírito Santo**. 7. ed. São Paulo: Elevação, 1987, v. 1.

____________. **Sagradas Diretrizes espirituais da Religião de Deus, do Cristo e do Espírito Santo.** São Paulo: Elevação, 1990. v. 2.

____________. **Sagradas Diretrizes espirituais da Religião de Deus, do Cristo e do Espírito Santo**. 3. ed. São Paulo: Elevação, 1991. v. 3.

____________. **Sociologia do Universo.** No prelo.

____________. **Tesouros da Alma.** 2. ed. São Paulo: Elevação, 2017.

PERIOTTO, Francisco de Assis. Bezerra de Menezes. **Conversando com seu Anjo da Guarda — a agenda espiritual.** São Paulo: WRC, 2007.

SENECA, Lucius Annaeus. **Complete works of Seneca the younger.** Hastings, United Kingdom: Delphi Classics, 2014.

TAGORE, Rabindranath; DAS, Sisir Kumar (ed.). **The english writings of Rabindranath Tagore:** Poems. New Delhi, India: Sahitya Akademi, 2004. v.1.

TAHAN, Malba. **Lendas do céu e da terra.** 16. ed. Rio Janeiro: Conquista, 1964.

THEOCRITUS; A. S. F. Gow. **Theocritus.** London: Cambridge University Press, 1950.

TOCQUEVILLE, Alexis de. **A Democracia na América**. Belo Horizonte: Itatiaia; São Paulo: USP, 1987.

______________. **Sobre a brevidade da vida. Sobre a firmeza do sábio:** diálogo. Tradução José Eduardo Lohner. São Paulo: Penguin Classics Companhia das Letras, 2017.

VALLETTE, Alfred. **Mercure de France.** n. 267, tome LXXIV, 1 août, 1908.

XAVIER, Francisco Cândido. André Luiz. **Ação e reação.** 13. ed. Rio de Janeiro: FEB, 1989.

__________. Casimiro Cunha. **Gotas de luz.** 7. ed. Rio de Janeiro: FEB. 2005.

__________. Espíritos Diversos. **Parnaso de Além-túmulo:** poesias mediúnicas. 17. ed. Rio de Janeiro: FEB, 2004.

XAVIER, Francisco Cândido; Vieira, W. Hilário Silva. **A vida escreve.** 9. ed. Rio de Janeiro: FEB, 2005.

__________. Valérium. **Bem-aventurados os simples.** 10. ed. Rio de Janeiro: FEB, 1994.

ÍNDICE DE NOMES

ÍNDICE DE MATÉRIAS

TEMPLO DA BOA VONTADE

Sede Espiritual da Religião do Terceiro Milênio

Aclamado pelo povo uma das Sete Maravilhas de Brasília/DF, Brasil, o Templo da Boa Vontade (TBV), símbolo maior do Ecumenismo Divino, a Pirâmide das Almas Benditas, a Pirâmide dos Espíritos Luminosos, é

o monumento mais visitado de Brasília, segundo dados oficiais da Secretaria de Turismo do Distrito Federal (Setur-DF). Desde que foi fundado por Paiva Netto, em 21 de outubro de 1989, já recebeu cerca de 30 milhões de peregrinos. **Na foto**, da esquerda para a direita, o Parlamento Mundial da Fraternidade Ecumênica (o ParlaMundi da LBV), a sede administrativa e o TBV, localizados na Quadra 915 Sul. Outras informações: (61) 3114-1070 / www.tbv.com.br.

BIOGRAFIA

José de Paiva Netto, escritor, jornalista, radialista, compositor e poeta, nasceu em 2 de março de 1941, no Rio de Janeiro/RJ, Brasil. É diretor-presidente da Legião da Boa Vontade (LBV) e presidente-pregador da Religião de Deus, do Cristo e do Espírito Santo. Membro efetivo da Associação Brasileira de Imprensa (ABI) e da Associação Brasileira de Imprensa Internacional (ABI-Inter), é filiado à Federação Nacional dos Jornalistas (Fenaj), à International Federation of Journalists (IFJ), ao Sindicato dos Jornalistas Profissionais do Estado do Rio de Janeiro, ao Sindicato dos Escritores do Rio de Janeiro, ao Sindicato dos Radialistas do Rio de Janeiro e à União Brasileira de Compositores (UBC). Integra também a Academia de Letras do Brasil Central. É autor de referência internacional na defesa dos direitos humanos e na conceituação da causa da Cidadania e da Espiritualidade Ecumênicas, que, segundo ele, constituem *"o berço dos mais generosos valores que nascem da Alma, a morada das emoções e do raciocínio iluminado pela intuição, a ambiência que abrange tudo o que transcende ao campo comum da matéria e provém da sensibilidade humana sublimada, a exemplo da Verdade, da Justiça, da Misericórdia, da Ética, da Honestidade, da Generosidade, do Amor Fraterno. Em suma, a constante matemática que harmoniza a equação da existência espiritual, moral, mental e humana. Ora, sem esse saber de que existimos em dois planos, portanto não unicamente no físico, fica difícil alcançarmos a Sociedade realmente Solidária Altruística Ecumênica, porque continuaremos a ignorar que o conhecimento da Espiritualidade Superior eleva o caráter das criaturas e, por conseguinte, o direciona à construção da Cidadania Planetária".*

Entre as inúmeras homenagens recebidas, foi agraciado com a Medalha do 1º Centenário da Academia Brasileira de Letras (ABL); nomeado Comendador da Ordem do Rio Branco, pelo Ministério das Relações Exteriores; e condecorado com o Grau de Comendador, pelo Conselho da Ordem do Mérito Aeronáutico, e com a Medalha do Pacificador, pelo Ministério do Exército Brasileiro.

Filho primogênito de **Idalina Cecília de Paiva** (1913-1994) e **Bruno Simões de Paiva** (1911-2000) — que tiveram como padrinho de casamento **Dorival Caymmi** (1914-2008) — e irmão de **Lícia Margarida de Paiva** (1942-2010). Teve a infância e a juventude marcadas por uma preocupação incomum com temas espirituais, filosóficos, educativos, sociais, políticos, científicos e econômicos, além de um profundo senso de auxílio aos necessitados.

Estudou no tradicional Colégio Pedro II, na capital fluminense, do qual recebeu o título de Aluno Eminente, sendo homenageado com placa de bronze na sede desse conceituado colégio-padrão. Em 1956, ainda adolescente, iniciou sua jornada vitoriosa ao lado do saudoso fundador da Legião da Boa Vontade, o jornalista, radialista, escritor, poeta e filósofo brasileiro **Alziro Zarur** (1914-1979). Paiva Netto foi o principal assessor dele durante quase um quarto de século. Para se dedicar totalmente à LBV, abandonou a vocação para a Medicina. Mais tarde, tornou-se secretário-geral (cargo equivalente ao de vice-presidente) da Instituição e, com o falecimento de Zarur, sucedeu-o.

Compositor e produtor musical, foi aluno do professor **Homero Dornelas** (1901-1990), assessor do notável **Villa-Lobos** (1887-1959). Elaborou a "Marcha dos Soldadinhos de Deus", interpretada pela primeira vez em 21 de abril de 1960, por meninos amparados pelo Instituto São Judas Tadeu, no Rio de Janeiro, onde colaborava como voluntário. A apresentação foi uma homenagem a Brasília/DF, Brasil, que o então presidente da República **Juscelino Kubitschek** (1902-1976) inaugurava naquela data.

À frente da Legião da Boa Vontade desde 1979, multiplicou as ações desta nas áreas da educação e da promoção humana e social, por meio das unidades de atendimento da Instituição, as quais abrangem escolas-modelo de educação básica, abrigos para idosos e centros comunitários de assistência social. Tais espaços fazem parte de um projeto ainda maior, criado por Paiva Netto e a que ele se tem dedicado há bastante tempo: Educação com Espiritualidade Ecumênica, consubstanciada em uma vanguardeira linha pedagógica, que propõe um modelo novo de aprendizado, o qual alia cérebro e coração. Essa proposta educacional, composta da Pedagogia do Afeto e da Pedagogia do Cidadão Ecumênico, é aplicada com sucesso na rede de ensino da LBV e nos serviços e programas socioeducacionais desenvolvidos pela Legião da Boa Vontade.

Os ideais da Boa Vontade não têm fronteiras e empolgam diversas regiões do mundo. Desde 1980, por exemplo, as iniciativas solidárias expandem-se para a LBV da Argentina, do Paraguai, do Uruguai, da Bolívia, de Portugal e dos Estados Unidos, sendo estas mantidas por meio de donativos de cada população local.

Por causa da ampla abrangência de seus programas, serviços e de suas ações e da excelência no trabalho realizado, a Legião da Boa Vontade conquistou o reconhecimento da Organização das Nações Unidas (ONU), com a qual tem atuado em parceria há mais de vinte anos. Em 1994, a LBV associou-se ao Departamento de Comunicação Global (DCG) desse organismo internacional e, em 1999, foi a primeira instituição da sociedade civil brasileira a obter o *status* consultivo geral (grau máximo) no Conselho Econômico e Social (Ecosoc/ONU). Em 2000, passou a integrar a Conferência das ONGs com Relações Consultivas para as Nações Unidas (Congo), com sede em Viena, na Áustria, e, em 2004, atuou como instituição cofundadora do Comitê de ONGs sobre Espiritualidade, Valores e Interesses Globais nas Nações Unidas. A LBV tem participado ativamente das principais conferências e reuniões da ONU, contribuindo com importantes recomendações para a implantação de políticas públicas internacionais, além de mobilizar a sociedade civil em torno dos Objetivos de Desenvolvimento Sustentável (ODS). Os referidos documentos e publicações, editados em diversos idiomas, são entregues a chefes de Estado, conselheiros ministeriais, agências internacionais e representantes da sociedade civil. Dentre esses materiais destacam-se as revistas *Sociedade Solidária*, *Paz para o Milênio*, *Globalização do Amor Fraterno*, BOA VONTADE *Desenvolvimento Sustentável*, BOA VONTADE *Mulher* e BOA VONTADE *Educação*.

O diretor-presidente da Legião da Boa Vontade recebeu, em 14 de novembro de 2016, correspondência oficial da equipe do novo secretário-geral da ONU, o dr. **António Guterres**, na qual expressa gratidão ao dirigente da LBV pela carta encaminhada ao diplomata português com cumprimentos em virtude da nomeação deste para ocupar o cargo máximo da ONU. Na missiva, assinada por **Kyung-wha Kang**, assessora especial em Política do gabinete do secretário-geral, consta: "*Prezado diretor-presidente, permita-me agradecer, em nome do secretário-geral designado, António Guterres, as vossas gentis palavras de congratulação. É com grande honra e com um sentido de responsabilidade que ele assumirá suas novas funções. A Legião da Boa Vontade é uma organização da sociedade civil que tem uma parceria de longa data com as Nações Unidas. Sua missão de incentivar a vivência de valores, a fim de criar uma sociedade mais justa e solidária, é mais do que nunca de grande relevância global. Suas iniciativas visam melhorar a situação de pessoas de baixa renda em diversas áreas, tais como educação e desenvolvimento sócio-económico, sendo uma grande contribuição para a consecução dos Objetivos de Desenvolvimento Sustentável e sua meta de erradicar a pobreza até o ano de 2030. Contamos com a Legião da Boa Vontade para trabalhar junto às Nações Unidas na busca de soluções para os desafios globais mais urgentes da atualidade*".

Em 21 de outubro de 1989, Paiva Netto fundou, em Brasília/DF, Brasil, o Templo da Boa Vontade (TBV), com a presença de mais de 50 mil pessoas. Conhecido também como o Templo da Paz, é o polo do Ecumenismo Divino, que proclama o contato socioespiritual entre a criatura e o Criador. Aclamado pelo povo uma das Sete Maravilhas de Brasília, o TBV é o monumento mais visitado da capital federal, conforme dados oficiais da Secretaria de Turismo do Distrito Federal, e, desde que foi inaugurado, recebe anualmente mais de um milhão de peregrinos.

Paiva Netto criou, para propagar a Cidadania Espiritual (conceito preconizado por ele), a Super Rede Boa Vontade de Comunicação (rádio, TV, internet e publicações).

No campo editorial, alcançou a expressiva marca de mais de 8,3 milhões de livros vendidos. Além disso, tem seus artigos publicados em jornais, revistas e portais de internet no Brasil e no exterior. Já escreveu para importantes veículos, a exemplo do *Diário de Notícias*, *Jornal de Coimbra*, *Correio da Manhã*, *Jornal de Notícias*, *O Primeiro de Janeiro*, *Notícias de Gaia*, *Voz do Rio Tinto*, *Jornal da Maia*, *O Público*, *Campeão das Províncias*, *Audiência* e *O Despertar* (Portugal); *Time South*, *Jeune Afrique* e *African News* (África); *Daily Post* (circulação internacional); *Clarín* (Argentina); *Jornada* e *El País* (Bolívia); *El Diário Notícias* e *ABC Color* (Paraguai); *El País* (Uruguai); *International Business and Management* (China); e *Deutsche Zeitung* (Alemanha).

Sobre seu estilo literário, o escritor norte-americano **Errol Lincoln Uys** observou: *"Paiva Netto, sendo um homem prático, não deixa de ter alma de poeta"*.

Segundo a definição do eminente professor, jurisconsulto e tratadista **José Cretella Junior** (1920-2015), *"é um exímio estilista, sempre em dia com as novas"*. **Valdir Andres**, jornalista, advogado, fundador do periódico *A Tribuna Regional*, de Santo Ângelo/RS, Brasil, assim declarou: *"É uma honra imensa abrigar os conceitos, as opiniões, a pena brilhante do professor Paiva Netto em nosso jornal"*. Na opinião do mestre de professores **Moacir Costa Lopes** (1927-2010), *"é um escritor de muito talento"*.

Endereço para correspondência:
Rua Norma Pieruccini Giannotti, 110
Barra Funda • São Paulo/SP • CEP 01137-010
***E-mail*: PaivaNetto@uol.com.br**

Canais do autor na internet:
www.PaivaNetto.com
Youtube.com: PaivaNettovideos
Facebook: PaivaNetto.escritor
Instagram: PaivaNetto.escritor
#EuleioPaivaNetto

CONHEÇA A RELIGIÃO DE DEUS, DO CRISTO E DO ESPÍRITO SANTO E O TRABALHO DA LBV

BOA VONTADE TV

Internet: www.boavontade.com/tv

OI TV: Canal 212 • Net Brasil: Canais 196 e 696 • Claro TV: Canais 196 e 696

Geradora Educativa da Fundação José de Paiva Netto

Canal 11.1 - São José dos Campos/SP

Canal 45.1 - São Paulo/SP

Para outras informações, acesse www.boavontade.com/tv

Kit Sat Boa Vontade

Satélite: Star One C3 • Frequência: 3.868 MHz • Symbol Rate: 4.833 Ksps • Polarização Vertical • Modulação: DVB S.2

SUPER REDE BOA VONTADE DE RÁDIO

Internet: www.boavontade.com/radio

OI TV: Canal 989 (Super RBV de Rádio)

Emissoras de rádio:

Rio de Janeiro/RJ: AM 940 kHz • **São Paulo/SP:** AM 1.230 kHz • **Esteio, região de Porto Alegre/RS:** AM 1.300 kHz • **Porto Alegre/RS:** OC 25 m - 11.895 kHz • OC 31 m - 9.550 kHz • OC 49 m - 6.160 kHz • **Brasília/DF:** AM 1.210 kHz • **Santo Antônio do Descoberto/GO:** FM 88,9 MHz • **Salvador/BA:** AM 1.350 kHz • **Manaus/AM:** AM 610 kHz • **Montes Claros/MG:** AM 550 kHz • **Sertãozinho, região de Ribeirão Preto/SP:** AM 550 kHz • **Uberlândia/MG:** AM 1.210 kHz

PORTAIS

www.lbv.org.br

www.boavontade.com

www.ReligiaodeDeus.org

www.Jesusestachegando.com

www.PaivaNetto.com

APP BOA VONTADE PLAY

Baixe na loja de aplicativos do seu celular e acompanhe ao vivo